タビストック☆子どもの心と発達シリーズ

特別なニーズを持つ子どもを理解する

Understanding Your Young Child with Special Needs

パメラ・バートラム 著
平井正三, 武藤誠 監訳　NPO法人 子どもの心理療法支援会 訳

岩崎学術出版社

Understanding Your Young Child with Special Needs
by Pamela Bartram
Copyright © Michael Fitzgerald 2005
*This translation of Understanding Your Young Child with Special Needs
is published by arrangement with Jessica Kingsley Publishers Ltd, London
through Tuttle-Mori Agency, Inc., Tokyo*

M, F, そしてJに

謝　辞

私の理解を助けてくれた家族と同僚に多大の感謝の念を表して

目　次

　　巻頭言　*7*

　　はじめに　*11*

第1章　さまざまな期待と誕生　*17*
　　妊　娠　*17*
　　「ようこそオランダへ」　*19*
　　出生時のショックとトラウマ　*20*
　　早　産　*22*
　　解毒剤　*25*

第2章　つながりあうこと　*29*
　　つながりあうこと　*29*
　　共　感　*31*
　　特別なニーズを持った赤ちゃん　*32*
　　脳神経科学研究の成果　*34*
　　生後1年における自閉症の兆候　*36*

第3章　手放すこと　*39*
　　睡眠と不眠　*39*
　　三者関係と睡眠の問題　*43*
　　ベビーシッター　*44*
　　プレイグループ　*45*
　　保育所と学校　*47*

第4章　問題行動を理解することと線引きをすること　*49*
　　定型発達におけるトイレット・トレーニング　*49*
　　健康な攻撃性　*51*
　　性愛と性的な行動　*54*

第5章　診断，検査，治療，セラピー　*57*
　　診　断　*57*

検査，治療，セラピー　　61

第6章　自閉症を持つ幼児を理解すること　65
　　　自閉症スペクトラム障がい　65
　　　自閉症スペクトラム障がいと発達のプロセス　68
　　　自閉症を持つ幼児に制限を設けること　70

第7章　遊びと話すこと　75
　　　遊ぶこと　75
　　　コミュニケーションすることと話すこと　78

第8章　親，夫婦，そして家族　83
　　　家　族　83
　　　親や夫婦にかかるストレス　84
　　　片親家族　88
　　　「特別なニーズを持つ家族」　88

第9章　きょうだい　91
　　　親の心配　91
　　　特別なニーズを持つ子どもをきょうだいがどのようにみているか　93
　　　愛と思いやり　93
　　　ライバル心と憎しみ　94
　　　模倣と過剰な埋め合わせ　96
　　　発達段階による違い　97
　　　特別なニーズを持つ子どもが，健常なきょうだいに向ける感情　98

第10章　「喜んでいる自分に驚く」　103

　　　巻末補遺「ようこそオランダへ」　107
　　　文　献　109
　　　読書案内　110
　　　監訳者あとがき　111
　　　索　引　115

巻頭言

　タビストック・クリニックは，心理療法士の訓練やメンタルヘルスのための臨床活動，そして調査研究の拠点施設として世界的な名声を得ています。1920年の設立以来，クリニックの辿ってきた歴史は革新的な取り組みの歴史でした。クリニックの本来の目的は，治療を提供することでしたが，その治療を研究の土台として用いることで，メンタルヘルスの諸問題の社会的予防と治療とにつながることをねらったものでした。また，治療から得られたスキルを他の専門職へと伝えていくこともその目的でした。その後，クリニックの活動は，大きな影響力のある重要な発達心理学研究だけでなく，トラウマの治療や，集団における意識的・無意識的プロセスを解明しようとする研究へと向かいました。周産期における死別への取り組みは，死産に関わる医療専門職や，赤ちゃんとの死別を悲しむ親や家族に向けて新しい形のサポートを展開しようとする医療専門職に新たな理解をもたらしました。1950年代と1960年代に発展した，システム論モデルに基づく心理療法は，子どもと親との相互作用や家族内の相互作用に焦点を当てたものですが，今や重要な理論と治療技法として，タビストックの家族療法の訓練と研究において用いられています。

　この「タビストック 子どもの心と発達」シリーズは，タビストック・クリニックの歴史の中で重要な位置を占めています。これまでにそのつど全く新しい形で3度刊行してきました（1960年代[訳注1]，1990年代，そし

て今回の 2004 年)。それぞれのシリーズで著者たちは，自分自身の臨床領域や専門家としての訓練をもとにして，その時代時代に観察され経験したかぎりでの「普通の発達」について，それがいかに普通でない，驚くような物語をはらんでいるかを描き出そうと試みてきました。本シリーズは，子どもが日々親やその他の養育者，そしてより広い世界の人々と相互に関わり合っていくなかで成長していく様子のひとコマひとコマの意味を理解しようと努めています。もちろん，社会は変化しますし，本シリーズも同じく変化してきています。けれども，このような変化の中でも，変わらないでいることがあります。それは，それぞれの発達段階において体験される強い感情や情緒そのものに目を向けていくことこそが大切だという発達観であり，本シリーズの著者たちはそうした発達観を心から信奉しているのです。

本書は，特別なニーズの世界と，子どもの発達のプロセスという 2 つの視点から書かれているという点で，とても重要な著作です。著者のパメラ・バートラムは，特別なニーズを持つという特殊な問題を抱えながらも，その中で普通にみられる発達が進んでいく様子を，感動的な形で描き出しています。本書の中には，多くの大変困難な事例が提示されており，著者は，深い知識に裏打ちされた共感的なコメントでそれらを解説していきます。どの章でも，そういった困難な状況における情緒的な絆の複雑さについて，深く考えを巡らせています。また，きょうだいの関係をどう扱うかとか，トイレット・トレーニングとか，気になる行動といった，あらゆる親に共通する問題についても探索していますし，診断をどう受け止めるのか，あるいは家族関係にのしかかるストレスをどう扱うかといった，特別なニーズを持つ子どもの親にとって特有な問題も探索しています。

本書の中で，パメラ・バートラムは，親や家族に関わる専門家が考える

訳注 1) 繁多進監訳『タビストック子どもの発達と心理』(あすなろ書房) として翻訳出版。

ときに助けとなり糧となるような洞察を提供してくれているのです。

ジョナサン・ブラッドレイ
子どもの心理療法士
「タビストック 子どもの心と発達」シリーズ監修者

はじめに

　この本は，特別なニーズを持つ赤ちゃん[訳注1]や，特別なニーズを持つ就学前の子どもたちに取り組んでいる専門家の方々にも役に立つだろうと思いますが，まず第一に親に向けて書かれています。ですから読者としては親を想定しています。こうした子どもたちへの特別な配慮が必要となる領域は広いので，多くの親はさまざまな専門家に出会うこととなります。たとえば，医療やメンタルヘルス，教育，社会福祉，あるいは民間の援助団体に所属している専門家のもとを訪れることがあるでしょう。そこでこの本では，折にふれて，専門家も関心を持つような事柄についても具体的に触れるつもりです。

　この本は，そのタイトルにあるように，特別なニーズを持つ子どもをどのように理解するかについて，親たちに伝えたいという思いで書かれていますが，それにはいくらか但し書きが必要です。

　まず第一に，この本は子どもたちについての本なので，内容の大部分は必然的に子どもの普通さに焦点をあて，「特別さ」には焦点をあてません。この点に関して，私は，ひとりひとりの子どもについて考えることを犠牲にして，障がいや特別なニーズについて焦点をあてるような，一般によく

訳注1) 現在，英国では，障がいを持つ子どもを "child with special needs" と表現しています。本訳書では，原書のこの表現を生かし，「障がいを持つ子ども」の意味で「特別なニーズを持つ子ども」という訳語を用いています。障がいをどのような言葉で表すかという問題は本章の最後で著者が論じています。

見られる傾向に陥らないように試みています。そしてむしろ，ひとりひとりの子どもについて考えてみようと思います。その子どもの持つパーソナリティや家族生活，それに感情や行動の中には，普通の発達過程が含まれているものです。一方で，「普通の」子育てにみられる課題や難問について考えることと，特別なニーズを持った幼い子どもの親に固有の課題や難問について考えることとのバランスをとろうとも努めます。このようにバランスをとるという行為そのものが，特別なニーズを持つ子どもがいる親が始終苦労していることなのです。

　2番目の但し書きは，私の考えでは，ほとんどの親はすでに特別なニーズを持つ自分の幼い子どもと深いつながりを持ち，理解しているということです。しかしながら，彼らの理解や対応に対する自信は，特別なニーズそのものに沿って現れるさまざまな要因によって混乱し，すぐに揺らいでしまいます。親自身がその子どもの専門家となるよりも，むしろ他の人の方がその子どもについての専門知識をもっているように見えてしまいやすいようです。あるお母さんは，誰か他の人が「答えの詰まった秘密の倉庫」を持っているのではないかと想像していたし，そうした「倉庫」にアクセスできないものかと思っていたことを残念そうに認めました。私は，この本の読者にこのような考えを強めてほしいとは思いません。実際に特別なニーズを持つ子どもを育てている親たちの声を，私自身の声と絡めて伝えていき，その親たちの知識と経験をこの本の中身に生かしていきたいと思います。

　3番目の但し書きは，程度の差はありますが，障がいによって心や身体にハンディキャップを持つ赤ちゃんや小さな子どもを理解する際に避けがたい難問と関係しています。こうした子どもにとって，自分自身を表現し，世界を理解することは難しいことですが，同じように私たちにとっても，彼らが経験していることを理解することはやりがいがあるけれども困難な仕事となります。特別なニーズを持つ子どもについての私たちの理解

には限界があり，それが必然的なことだと認めた上で彼らについて語るのでなければ，それは貧困なものとなってしまうでしょう。とはいうものの，私たちが，こういった子どもたちの世話をするに当たって，彼らとの間に，あるいはお互いの間に，適切な人間的なつながりを感じるためには，彼らの世界を理解しようと試みなければなりません。

　このシリーズの他の本と同様に，この本は精神分析の視点から書かれていますし，精神分析理論を重要なものと考えています。精神分析理論では，強烈な感情や望ましくない考えは，その存在を認められないでいると，私たちの関係や努力を台無しにしてしまうものだ，と考えます。精神分析の基本的な見解は，私たちが自分自身をよく知れば知るほど，他者を理解し，他者と交流することに希望が持てるようになるというものです。そして，自分自身をよく知るためには，自分が経験していることに気づき，内省するための時間とゆとりが必要となります。このような形で子どもを理解していくことは，障がいについてのさまざまな事実を知っていくことと同じではありません。このように主観的かつ情緒的に理解することが重要であるのは，自己と他者，特に親と子の間の複雑な絆が本質的に非常に情緒的で個人的な性質を持つことに目を向ければわかるでしょう。

　特別なニーズを持つ幼い子どもの親と関わってきた経験から思うのは，親がこのように内省的に子どもを理解しようとするのを妨げるような要因がたくさんあるということです。実際的な要因では，こうした親は子どもの特別なニーズに対応するために日々すべきことが大量にあるために，自分のことを振り返りにくいということがあります。他の要因としては，感情的なものが挙げられます。特に扱いにくい恐ろしい感情によって圧倒されてしまうのではないかという恐れがあって，自分自身の気持ちを見ていくことができない場合があります。そしてたいていの場合，これら二つは混ざり合って存在します。

自分の子どもが重い障がいを持っていると診断されたある母親は，自分の気持ちについてあまり長く立ち止まって考えないようにしている，と私に言いました。「行かなければいけないところや，記入しなければいけない書類がいっぱいあります。それに他の子どもたちの世話もしなければいけないのです。もし私が，自分がどんな気持ちになっているかを考え始めたなら，やっていけなくなってしまうのではないかと思うのです。」

　特別なニーズを持つ子どもの親の場合，親業は「必死になってやっていく」と表現されることもありますが，親は，親業をやり続ける必要があるのです。と同時に，このような子どもを持つ親は，自分がどのような苦境に陥っており，それが自分自身にどのような影響を与えているかを立ち止まって見つめ直すことも大切です。親は，このように親業を続けながらも自分の気持ちについて考えていくというバランスをそれぞれのやり方で取っていかなければなりません。同じ家族の中でも，また家族によっても対処の仕方は異なります。しかしながら，自分が子どもをどのように見ているか，そしてそれが子どもにどのような影響を与えているか，子どもへの反応にどうつながっているかを理解する機会を持つことで，親として，子どもとの関係や理解が深められることがあります。その結果，より深く満たされる感覚を持つようになるのです。

　こう考えて，この本は，指導やアドバイスをあたえる類のものにはしませんでした。むしろ，子どもの発達に対する理解と，親子の情緒的な状態に対する理解を伝えることによって，特別なニーズを持つ子どもを育てる体験を見つめ直そうとしてみます。このようなプロセスを通して，親である読者がとらわれから自由になり，自分なりの気持ちのこもった創造的な子育てを見つけてほしいと思います。

　最後に，障がいをどのような言葉で表すかという厄介な問題に触れたい

と思います。私と同じく児童心理療法士であり，精神分析家でもあるヴァレリー・シナソン（Valerie Sinason）は，障がいを表す言葉がいかに問題を孕んでいるものであるかについてしばしば言及しています。私たち英国の文化の中では，どの言葉も長く受容され続けることはありませんでした。間違いなくそれは，私たちが障がいを受け入れることの難しさ，そして障がいが私たちの心に引き起こすものを受け入れることが深いところで困難であることの現れでしょう。1993 年に出版された以前の同じシリーズで，ヴァレリー・シナソンが書いた本のタイトルは，「ハンディキャップを持つ子どもを理解する」となっていました。このタイトルはほんの 14 年前のものなのに，すでに時代遅れになっているように思われます。「脳性麻痺」「学習困難」「知的ハンディキャップ」といった言葉は，しばらくの間は受け入れられていましたが，侮蔑を含むと考えられ，ほかの言葉に変える必要が出てきて，すべて新しい言葉に取って代わられています。ある著者が言うように，「新しい言葉を作ってもすぐに古い意味に汚染されてしまう」のです（Stoller 1985, p.5）。

　　ある母親は，自分の子どものことを「特別なニーズ児（special needs child）」と言われるのがとても嫌だ，と話してくれました。彼女は「特別なニーズを持つ子（child with special needs）」と呼ぶべきだと感じたのだそうです。その母親にとって，この区別はとても重要でした。つまり，まず第一に子どもがあり，そのあとに特別なニーズがあるということが強調される必要があるのです。

現在使われている「特別なニーズ」という言葉でさえも，ほかの言葉に取って代わられることになると思われます。けれども，それまでの間は，「特別なニーズを持つ子ども」や「障がいを持つ子ども」という言葉を使うのを受け入れてほしいと思います。もちろん，これらの言葉に，中傷や

侮蔑を含ませているつもりはありません。

　この本に紹介されている話は，すべて実際の子どもや家族との出会いに基づいています。けれども，プライバシーを保護するために，それが誰なのかは特定されないように変更を加えています。また，「彼」「彼女」という言葉を使いますが，どちらの代名詞を使うのかについて，特別な基準があるわけではありません。

第1章
さまざまな期待と誕生

妊　娠

　これから親になる人にとって，自分の子どもが生まれるずっと前から，赤ちゃんとの関係は始まっています。妊娠する前であっても，いつか生まれる自分の赤ちゃんについての考えや感情を持っていて，それらの考えや感情が，これから赤ちゃんを迎える親の内的な世界を形作ります。生まれてくる赤ちゃんは，親の心の中では，親族の誰か，とりわけ自分の愛する親と結びついて想像されていることがあります。文化によっては，今でも祖父母や親族の中の誰かにちなんで名前がつけられます。このことは意味深いことで，世代をまたいだつながりを作りたいという願望を表していることがありますし，親族の中の最良の資質が子どもの中に受け継がれているのを見たいという願望を表していることがあります。場合によっては，生まれる予定の子どもが，親の心の中では亡くなった家族の一人と結びついているような特別なケースもあります。それは，新しく生まれてくる命に対してたくさんの感情や希望や期待が込められるという，特別な影響力を持つ状況です。

　妊娠が進むにつれ，親と子どもの間のつながりは発展します。母親は身体的に赤ちゃんと近く，自分が身ごもっているのはどんな子どもなのかと

いうことについて，いっそう意識して考えるようになります。診察ごとに画像診断をするといった現代医療の実践によって，自分の子どものことを知っているという親の感覚は強められます。スキャンされた画像をもらうこともあります。それは自分たちの子どもとの初めての出会いとなります。

　新しく生まれる赤ちゃんは，新たなスタートを表現しています。私たちは自分の子どもには，自分が子どもだったときの良い経験を伝えたいと思いますし，自分の親とは違ったことをしてあげたいとも思います。あるいは自分たちよりも良い経験を与えたいと思います。いずれにせよ，新たな生命というのは，新たな希望，新たな可能性を象徴しています。

　また，妊娠によって親たちは，生命というものがいかに尊いものであり，かつ脆いものであるということに触れざるを得ない状況に置かれます。受精卵は脆弱で，身ごもっている母親の健康に完全に左右されるのだということは，多かれ少なかれ意識することです。

　　　生まれてくる子どもは男の子と女の子とどっちがいい，と聞かれて，ジャネットは多くの妊婦に典型的な返答をしました。「五体満足であれば，それでいいわ。」

　この返答は，健康上の問題があったり，障がいを持っていたりといった，妊娠の望ましくない結果について暗に触れてもいます。子どもが生まれる予定になっている親のなかには，このような可能性についてオープンに考え語る親もいますが，それ以外の親にとっては避けるべき話題であって，あたかもそのことについて話し合うことが不運を呼び込むことに等しいように感じられています。

　そのため，深刻な健康上の問題や障がいを持った赤ちゃんが生まれた場合，親が受ける情緒的な衝撃は，その親たちが，妊娠前から赤ちゃんが生まれることについてどのような希望や想像を持ってきたのかという文脈か

ら，理解しなければなりません。こうした希望や想像が失望させられるのは避けられないことなのです。

「ようこそオランダへ」

　何人かの親御さんがエミリー・パール・キングズリー（Emily Perl Kingsley）の書いた文章を私に勧めてくれました。彼女は特別なニーズを持つ子どもの母親です。親御さんたちが言うには，彼女の文章は極めて正確に特別なニーズを持った子どもの親の経験を捉えているのだそうです。その文章の中で，著者は，赤ちゃんが生まれてくるのを待ち望むことを，イタリアで過ごす素晴らしい休暇に胸をわくわくさせながら飛行機に乗り込むことに喩えています。ところが，到着してわかったことは，そこがイタリアではなく，オランダだったということです。彼女が言うには，オランダがひどい場所だというわけではなく，ただ彼女はイタリアに行って，そこでしか味わえない喜びに浸る準備をしていたということです。

　　しかし，あなたの知人はみなイタリアに行き来することに忙しくしています。……それに彼らはみな，イタリアで過ごすことがいかにすばらしいものであるかを吹聴します。けれどもあなたは，残りの人生をこう言って過ごすのです。「そうなの。イタリアには行くことになっていたの。そうする予定だったのよ」。
　　その痛みは決して消え去ることはないのです。……なぜならその夢を失うことは，とてもとても深刻な喪失となるのだから。
　　けれども……イタリアに行けなかったという事実を悲しんで人生を送るのなら，オランダにあるとっても特別で，とっても素敵なことを自由に楽しめないことになるでしょう。

多くの親たちにとって，この文章は彼らの経験の中核を捉えています。つまり，「オランダ」に着いたショック。予定の変更に徐々に適応していくプロセス。最終的に望んでいなかった到着地を受け入れ評価すること。こうした気持ちにともなう苦痛で永遠に続く喪失感です。エミリー・パール・キングズリーの「ようこそオランダへ」については，この本の末尾に全文を載せています。

出生時のショックとトラウマ

悲しいことに，特別なニーズを持った子どもの親の多くが，出産時にトラウマとなる経験をしています。出産にまつわる感情は，その後の出来事に影響を与え続けることがあります。とはいえ，しばしば驚かされるのですが，多くの親たちはすべきことに忙しくて，出産前後の出来事が彼らに与えた衝撃を消化するための気持ちのゆとりがもてないのです。

> ある母親は，自分の娘が生まれたとき「大理石のように白かった」と言いました。医者たちはその子を連れ去っていったのです。彼女には，何かよくないことがあったのだとわかりましたが，それが何なのかわかりませんでした。赤ちゃんは死んでいたのだ，と彼女は思いました。この生きていないというイメージは彼女の中に残り続け，そのため自分の娘が元気な女の子へと育っていっていることを認めるのが難しいことがありました。

親の心の中に生々しく残り続ける感情には，しばしば無力感からくる感情があります。そして，親自身の家族環境によっては，それらの感情が強まってしまうことがあります。

マリアは，4年前に特別なニーズを持った子どもを出産したときのことについて涙を流しながら話しました。彼女と夫は英国では政治亡命者であり，英語がほとんど話せませんでした。彼女たちの初めての子どもであったその子の陣痛が進むにつれて，マリアは強い痛みを感じました。英語に自信がなかったため，彼女と夫はそのことを病院のスタッフに伝えられない無力感を感じました。子どもが生まれたとき，その子は陣痛後期における酸素欠乏症になっていました。

　その無力感を思い出し，息子の誕生を取り巻くパニックがよみがえってくることにマリアは苦しんでいます。誕生の時，息子は彼女の元から急いで連れて行かれたのです。彼女の説明は生々しく，あたかもその出来事が4年前のことなのに昨日起こったことのようです。けれどもその出来事について語ることは過去の経験から離れていくために役に立つ方法でもあったようです。語ることによってマリアは解放され，息子のための最良の援助と資源とを探し求めていくにあたって，勇気づけられているように感じました。

　無力感にはしばしば強い罪悪感がついてまわります。子どもを害から守ることができなければならないという考えが，親にはもともと心に深く埋め込まれているようです。この考えが，トラウマや障がいという壁に突き当たると，親たちは消化しきれないような罪悪感を持ってしまいます。

　普通の赤ちゃんの正常な出産の映像をみると，そこには親が新しく生まれたわが子を知っていく様子について，いくつかのパターンが見出されます（Macfarlane 1977）。親は赤ちゃんの体の部分々々についてひとつの「目録」を作り，その子が家族の誰かに似ているとコメントし，それはしばしば父親であったりします。このようにして，夫婦のあいだの情緒的絆や，新しい子どもとの情緒的な絆が強まります。それとは対照的に，複雑な障がいを持った子ども，とりわけ身体的な不具合を持った子どもの誕生

は，恐ろしい経験となります。その場合，子どもはたいてい救命処置のために，緊急に医者や看護師の手にゆだねられる必要があります。こういった状況のもと，新生児を抱くという普通にみられる早期の経験が親には与えられません。このような経験は，親にとって，子どもに必要な専門性を持っているのは自分たちではなく，専門家なのだと感じる最初の経験となるのでしょう。そしておそらくそれが最後の経験ということにはならないのです。

早　産

　現代医学は低出生体重児の生存率を大いに向上させ，その結果，早産によって生まれた多くの赤ちゃんが生き延びるようになりました。早期出産児の中には驚くほど順調な経過をたどる子どももいますが，回復が不可能な医学的な問題や脳の損傷を被った子どももいます。

　　キャシーは，自分が生んだ，小さな早産の赤ちゃんが苦痛な医学的処置を受けるのを見ていたときの経験を語ってくれました。そのとき彼女は自分の子どもを抱き上げることもできず，医療機器の唸るような音で，自分の声を子どもに聞かせることもできませんでした。私は尋ねました。あなたの子どもが何カ月も入院していたときのことで，もっとも生々しく覚えていることは何ですか，と。すると彼女は「恐怖です」と答えました。そして彼女は心配そうに私に尋ねました。娘は，実際には医学的にも発達の上でもとても順調にいっているけれども，そういった初期の記憶に苦しむことがあるのでしょうか，と。

　　ジョアンヌの赤ちゃんは，妊娠 24 週で生まれました。彼女は，早期出産した子どもたちのためのプレイグループ[訳注1]を始めました。

というのも彼女は経験から，身体も大きく丈夫な子どもたちがいるようなプレイグループに，自分の子どもがついていくのが難しいとわかったからです。他の親御さんたち向けのリーフレットには，彼女の娘が特別なケアが必要だった時の経験が書きつづられています。「私が目の前で見ているときでも，娘がいつ何時死んでしまうのではないかと恐ろしかった。同時に，私がそこにいなかったら，娘は死んでしまうかもしれないと考えて恐怖を感じていました」。

多くの親たちが，自分の子どもが生まれたときに感じた，強烈に緊迫した気持ちを生々しく伝えてくれます。彼らは，生き残るか死ぬかの間でバランスをとっている子どもの命に，自分たちの存在すべてが掛かりきりになるような心の状態を体験したのです。他の人生の危機に瀕したときと同じように，こういった感情状態の時には，必要なエネルギーがいくらかは見つかります。けれども，外的状況が変化していっても，この心の状態から抜け出したり，それを乗り越えていくことが難しいことがあります。こうした場合に，この心の状態は，すでに必要ではなくなっても残り，親に影響を与え続けるのです。

ルイスは 7 歳の男の子です。母親は，息子が在胎 26 週で生まれ，NICU（新生児集中治療室）で付き添った時のことを話してくれました。彼女は夜昼となく保育器の横に座っていたときの様子を，感情を込めて語りました。自分が片時でも目を離したら，この子は死んでしまうだろうと彼女は強く思いました。文字通り彼女の「まなざし」が息子を生かしているのだと思ったのです。数年後に私が出会ったとき，彼女の息子はとても順調に育っていましたし，医師もその子が驚くほ

訳注 1) 就学前の幼児を持つ母親たちが共同して運営する子どものグループケア。英国において，保育園や幼稚園と並ぶ就学前の幼児のケアの一形態になっている。

ど良くなったと言っていました。それでも就眠時の習慣や学校に行きたがらない様子に，この母子の離れづらさが見られました。

ショーンは在胎24週で生まれた赤ちゃんです。悲しいことに薬物依存症になっている彼の若い母親は，NICUを訪れませんでした。彼は看護師たちに世話されていましたが，看護師たちは，彼には落ち着きがなく，むずかるときになだめることがなかなか難しいことに気づいていました。母親が使っている薬物が，彼の身体の状態に大きく影響していました。それに加えて，ひとりの人が付き添ってくれているという連続性を彼は持つことがありませんでした。

精神分析家のウィルフレッド・ビオンは，赤ちゃんが情緒的に健康でいるためには，「母親的なもの思い」が重要であると書いています（Bion 1984, 第12章）。「母親的なもの思い」という言葉によってビオンが言っているのは，養育者が赤ちゃんのためにあれこれ考えていき，自分の心の中に赤ちゃんのための情緒的スペースを持ち，それを差し出すことのできる力のことです。赤ちゃんからもたらされる衝撃を吸収するスペースを心の中に作る親の能力は，身体的な抱っこと並行して進む心理的な抱っこを提供します。現在，こうした抱っこを通じて，早期出産の赤ちゃんがより元気に育っていくということがわかっています。たとえば，早期出産の赤ちゃんを母親や父親がその胸に密着して抱っこする，「カンガルーケア」の実践をしていくと，その親密な身体接触からさまざまな面で子どもの発達は促されることが見出されています（Wahlberg, Alfonso and Persson 1992）。

親にとってはショッキングな経験が，赤ちゃん自身にとってどのようなものであるのか，私たちにはわかりにくいものです。けれども，私たちは赤ちゃんが痛みを感じているのはわかりますし，その痛みは子どもや大人

にとってと同じようにストレスとなることはわかります。

　出産時に脳にダメージを受けたある女の子は，ハンプティダンプティ[訳注2]の歌を繰り返し歌っていました。母親は私に言いました。娘は，自分が娘を出産したときに「落っこちる」ような経験をしたことをどこかでわかっているのではないかと思う。きっと娘はハンプティダンプティのように自分も「元に戻る」ことはないという恐れを表現しているのでしょう，と。もちろんそれは辛い考えでしたし，母親の方でもそのように考えるには勇気がいりました。

　作業療法士によれば，サムは「感覚統合」に困難を抱えているとのことです。感覚統合の困難とは，感覚を通して伝わる情報を整理し，解釈するのにあたって困難があるということです。そのため，まわりの世界に対する身体的，感覚的経験に影響が出るのです。サムの両親は，サムが小さな赤ちゃんだった時に手術や注射をし，チューブ栄養法をしていたことが，身体の体験を普通に識別し分化させる能力の発達を妨げたのだろう，と考えています。

解毒剤

　ジークムント・フロイトは「貫いてしまう」という意味のギリシャ語から「トラウマ」という言葉を採用しました。ここまで述べてきた出産時の経験はある程度トラウマ的であり，一時的に親の心のバランスを乱す脅威となるものでした。あるいは，通常はうまく私たちの主観的経験を包み込

[訳注2] 童謡マザーグースの歌に登場し，ルイス・キャロルの『不思議の国のアリス』にも出てくるキャラクター。マザーグースには，「ハンプティダンプティ　壁に座っていたら　ハンプティダンプティ　勢いよく落っこちた　王様の家来や馬でも　ハンプティは元に戻せない」という歌詞が出てくる。

んで保っておいている，心の皮膚を貫いてしまう脅威となるものでした。

けれどもトラウマに対する解毒剤として作用する要素はいくつかあります。トラウマの影響の強さや持続を和らげる要素はあるのです。そのような解毒剤がないと，出産時に経験した親の無力感や罪悪感は強い影響を親に与え続けて，親が自分たちこそ赤ちゃんの世界のまさに中心的存在なのだという感覚を持てなくしてしまいます。

親自身の子どもの頃の経験にいくらか由来する堅固で揺るぎない内的な安全感は，そういった解毒剤のひとつとなります。この役に立つ内的な資源にアクセスできる能力は，自分の世界が崩壊してしまうのではないかという恐ろしい脅威の衝撃に持ちこたえるのに役に立つでしょう。

家族や近しい友人たちとの確かな絆や支えあう夫婦関係は，ショックを受けて苦しんでいるときに親を力づける別の要素です。特別なニーズを持つ赤ちゃんが生まれたとき，その意味は何なのか当然考えることになりますが，信仰もまた，こうした際の支えとなります。

　　　ハサンは北アフリカ出身の母親の4番目の子どもです。彼には，遺伝的要因による視力への影響がありました。また哺乳ができなかったため，胃に栄養チューブを通していました。保健師が生後2週目に訪問したとき，母親は彼の眠っているベッドの横に座っていました。保健師にわが子の抱えている問題について話しながら，母親は涙を隠しませんでした。英語を話せない彼女自身の母親も，そのとき故郷の国から来ていました。祖母は自分の娘が話しているのに頷き，ともに涙を流しました。するとハサンの動きは落ち着かなくなり，泣き始めました。はじめは小さな泣き声だったのですが，段々と大きな声になりました。母親はハサンに優しく話しかけ，故郷の言葉で，ちゃんと聞こえているわよと話しかけました。そして彼のお腹をさすり，手に触れました。ハサンは少しの間，静かになりましたが，すぐにまた

泣き始めました。母親はベッドに手を伸ばし，ハサンの体が自分の体に触れて胸に抱くまで体を支えるようにして，抱き上げました。ハサンはだんだんと泣きやんでいきました。母親は自分の体を優しく揺すり，そうするとハサンも彼女とともに揺れました。そうしながら母親はリズミカルにハサンに話しかけました。母親は手の甲で涙をぬぐって，ハサンに話しかけ続けました。祖母は，二人の様子を見ながら静かに泣いていました。

　ハサンの母親には自分の感情を，完全に打ちのめされることなく，深く体験する能力がしっかりと備わっていました。逆説的にみえますが，この能力は心理的なショックと傷つきがもたらすダメージの影響に対する解毒剤の一つとなるように思われます。

第2章
つながりあうこと

つながりあうこと

　発達心理学者であり,精神分析家でもあるダニエル・スターンは「母親と乳児のダンス」について書いています（Stern 1977, p.145）。このイメージを使って彼は,親と赤ちゃんの間で交わされる自然なやりとりや,前言語的なやりとり,そしてリズムや音程,音調,音質に深く根ざしたやりとりに注目しています。つまり人間的なコミュニケーションの非言語的側面に注目したのです。これらのやりとりは「遊びの時間」だけに起こるものではありません。乳房や哺乳瓶からミルクを飲んでいる赤ちゃんを見れば,その言葉によらないリズミカルな体験が本質的にどのようなものであるのかがわかるでしょう。その体験は,親と子どもがお互いに「歩調を合わせ」,ありきたりだけれども親密で重要な経験を共有するといった体験であり,その後の親子関係が展開していく基盤となるものです。
　たとえば離乳食を食べる時,赤ちゃんがスプーンで食べるのを観察してみると,その体験のほとんどが赤ちゃんと親の間で共有されているリズムによって媒介されていることがわかります。そのとき親の方では意識的に努力するというわけではありません。こういったやりとりを撮影したビデオテープを分析した音楽家と心理学者によれば,赤ちゃんと親とは,言

葉が赤ちゃんにとって意味をなすずっと以前から，動作や発声を本能的に同調(アチューンメント)させているのだそうです。この共有された身体的・感覚的な同調の体験は，赤ちゃんの幸福感にとって中心的な役割を果たします。赤ちゃんは，身体的にも心理的にも「合わせられる」ことを繰り返し経験し，自分の経験が誰かと共有可能であるし，実際に共有されもするという経験を繰り返し体験するのです。

　ここで言っているのは，親と赤ちゃんの間に起こることはすべてタイミングと判断が完璧であって，不協和音が入ったり，リズムが乱れたり（歩調が崩れたり）することがない，ということではありません。実際，やりとりの歩調が乱れることがあるというのは普通にみられることです。そういう歩調が乱れる瞬間も日常生活の一部なのだと赤ちゃんが気づくことが重要です。大事なことは，やりとりはいつでも「正しく」行われるべきであるということではなく，母親と赤ちゃん，そして父親と赤ちゃんという親子のペアが，お互い相手に影響を与え続けることができるということなのです。こうした親子関係の間で，それぞれの親子は，「度が過ぎた」り，かみ合わなかったりする経験をしながらも，満足のいく建設的なやりとりを見出し続けます。そして，それら異なる経験全体を生き生きと柔軟にまとめあげていくのです。臭覚，触覚，聴覚，視覚から得られる感覚のすべてが，このプロセスを媒介しています。

　第1章の終わりに紹介したハサンと母親の場合，ハサンの感情の波に対して二人が折り合っていく様子が見られました。彼らはコミュニケーションができていたとも言えますが，もっと正確に言うならば，お互いの心を深く通い合わせることができていたのです。つまり，ハサンと母親は，ハサンの障がいと彼に対する母親の感情の深さを包み込むようにして，ダンスを共有することができていたのです。

共　感

　共感とは，相手の立場に立ってみて，そこから世界がどのように見えて感じられてくるのかと問うてみる能力です。共感はあらゆる人間関係の中で重要な要素であり，特に親の役割を果たす上で重要な要素となります。定型発達においては，親は赤ちゃんが経験しているのはこんなことだろうというストーリーを考えつきます。このように親は自分の赤ちゃんについてストーリーを作り出しますが，物事がうまくいっているときには，親が日々それぞれの子どもについて経験することは変わっていくので，それに応じてストーリーは修正されます。

　第1章で触れた「もの想い」と共感の能力はともに，親と赤ちゃんのダンスが展開するのを可能にするような同調が起こるために重要です。

　特別なニーズを持った赤ちゃんが生まれると，この自然なプロセスは強い緊張状態に置かれます。親は赤ちゃんをどのように理解したらよいのか確信が持てないかもしれません。そして，その赤ちゃんの情緒的生活だけでなく，理解のレベルも考慮して，その赤ちゃんについてのストーリーをうまく作っていける自信が持てないかもしれません。その赤ちゃんにどのくらい人格を認めてよいのか確信が持てないかもしれません。

　この子が身体的に落ち着かないのは脳と関係があるのだろうか？　感覚情報の処理過程の問題と関係しているのだろうか？　きっと，それは難産や医学的介入，それに身体疾患と関連しているのではないだろうか？　不快に感じているのだろうか？　苦しいのだろうか，おなかが減っているのだろうか，あるいは疲れているのだろうか？　きっと，どんな赤ちゃんでもときどきそうなるように，不幸でひとりぼっちに感じているのではないか？

　悲しいことに赤ちゃんの中には，たとえ特別なニーズを持たなくても，親の方で調子を合わせることができなかったり，先に述べたようには共感

することができないことがあります。そうなるのは，親の心が悲しみでいっぱいになっていたり，別の強い感情によってすり減らされてしまっていて，上の空になっているからかもしれません。あるいは，親の役割を果たすのに必要な反応を妨げるような怒りや敵意でいっぱいになってしまっているからなのかもしれません。こういう状態になると，赤ちゃんの生理的な体験と，心理的な発達に影響が出てきます。特別なニーズを持った赤ちゃんを育てる上での複雑な課題は，まさにこのような状況を考慮した上で理解されなければなりません。

特別なニーズを持った赤ちゃん

　赤ちゃんが障がいを持って生まれたとき，何が起こるのでしょうか？子どもの体験していることを理解することは，特別なニーズがある場合には，親にとってよりいっそう複雑な課題となることでしょう。苦痛な医学的処置を受けなければならない小さな赤ちゃんの身になることは，とりわけ大変なことです。また，自分たちが和らげてあげることができない痛みや不快感を子どもが体験していることを知るのは辛いことです。そして，わからないということを認めるのに抵抗があるのは人間的な反応です。

　つながりあうという繊細なプロセスは，出生時の緊急な医学的介入や診断を受けたときのショックといった出来事によって，最初から妨害される可能性があります。病院のスタッフがこういった難しい状況を繊細に取り扱うことができるよう訓練されていることは大切です。この困難にアプローチする一つの方法は，こういったことが起こったときには親だけでなく自分たちも情緒的な衝撃を受けることを病院スタッフが認めることができるように援助することです。

　ほかにも考えておくべき実際的な事柄があります。たとえば，赤ちゃんの目が見えない場合，愛情深く見つめ合うことは，親子が互いにつながり

あうことのできる方法とはなりません。にもかかわらず，赤ちゃんは別の感覚を通して，自分の生理的な状態や気分に親が合わせてくれていると感じることができます。

　ジョエルは生まれつき目が見えませんでした。彼女は気分や感情を顔の表情によって伝えることに限界がありました。そのため彼女の表現していることを両親が読み取ることは困難でした。彼女の姉に対しては，両親はそれがたやすくできていたのですが。本能的に，両親はジョエルの体の動きに注意を向けました。ジョエルの体はリラックスしたり緊張したりするときにどんなふうに反応するのだろう？　今は音に注意深く聞き入ろうとして，体をそちらへ緊張させているのだろうか？　ジョエルが導く方に両親が注意を向け，その伝え方に注意を集中させたことによって，ジョエルは自分のことを伝えることができていると感じることができ，自分が人に気持ちを伝えることのできる存在であるという感覚をしっかりと持つことができるようになりました。

　マシューは第一子で，妊娠中はトラブルがなかったのですが，いくつかの身体的な障がいを重ね持って生まれてきました。ジョエルの両親とは対照的に，マシューの母親は彼とつながりあっていくことが難しいと感じていました。彼女は，マシューには，特別なニーズを持った赤ちゃんをこれまでに世話をしたことがある家族外の人による専門的な世話が必要であると考えました。
　父親と母親はすぐに，マシューの持つ特別なニーズを世話するのに自分たちよりも詳しいと思われる乳母を雇いました。母親は予定よりもはやく仕事に就くことにしました。母親が，父親にサポートされて，重複障がいを持った赤ちゃんを産んだショックから立ち直り，自信を

取り戻し始めるのには数カ月を要しました。母親は，特別なニーズを持った赤ちゃんの世話をするような「技術を自分は持っていない」と確信していました。

脳神経科学研究の成果

赤ちゃんが明らかに重大な身体的問題を持っているときでも，発達の早い段階における親の関わりは重要なのですが，親がそう考えるのは難しいのも事実です。しかしながら，赤ちゃんの脳の発達について私たちの理解が進み，早期の親の対応が重要であるとがわかってきました。

『なぜ愛が重要なのか——愛情が赤ちゃんの脳に及ぼす影響』という本の中で，著者のスー・ガーハートは，コルチゾールが，彼女が「腐食作用」と呼ぶ作用を脳の発達に及ぼすと書いています（Gerhardt 2004, p.56）。コルチゾールとはストレスに反応して体内で産出されるホルモンです。コルチゾールは，ストレス状況に対処するのにエネルギーを集中させるために余分に生成され，短期間ですが有用に作用します。しかしながら，「コルチゾールは免疫システムや学習する能力，それにリラックスする能力を抑制します。(中略) もしストレスが長期間継続すると，物忘れが多くなるかもしれません。海馬が学習と記憶の中心となっているためです。(中略) ことわざにあるように『ストレスは人を馬鹿にする』のです」（Gerhardt 2004, pp.61-62）。

これは，特別なニーズを持った赤ちゃんとその親にとって示唆深い指摘です。特別なニーズを持った赤ちゃんとその親は，平均的な赤ちゃんとその親に比べてストレスを感じることが多いでしょう。特別なニーズを持った赤ちゃんは，障がいとそれによって必要となる医学的・治療的介入のために苦しみ，不快を感じます。さらに感覚的な敏感さと，自分を取り巻く世界の情報を取り込み処理することの困難が，体験しているストレスに付

け加わります。親の方では、自分たちの疲労と不安に対処し、同時に赤ちゃんの大変な体験をいわば「身代わりに」経験します。

　スー・ガーハートの説明によると、幼い赤ちゃんは、人に触れられたり抱かれたりすると、脳内に「コルチゾール受容体」と呼ばれるものを発達させることで、ストレス体験によって産出されるコルチゾールをより適切に処理できるようになるそうです。

　脳の発達に関するこの研究を通してわかるのは、早期のケアは「発達しつつある神経システムを形作り、その後の生活でのストレスの解釈の仕方とストレスへの反応の仕方を決定づける」(Gerhardt 2004, pp.64) ということです。出生時や出生後にトラウマとなる経験をした赤ちゃんの中には、刺激に過剰に反応し、そのためなだめにくく、落ち着きのない赤ちゃんがいます。そういった赤ちゃんは、さらにストレスが加わるとよりいっそうダメージを受けることになると思われます。

　親の中には、自分たちができることで状況をよくすることは何もないと悩む人がいますが、それは間違いである可能性が高いのです。親は、自分の力の限界まで頑張っているにもかかわらず、赤ちゃんがなんとかやっていけるように手助けするためにさらに限界以上の力を出していかなければならないと思っています。驚くまでもなく、特別なニーズを持った赤ちゃんや幼児を世話することはそれほどまでにきつい仕事なのです。

　特別なニーズを持った赤ちゃんの場合、その子が親の存在をわかっていると親に示せるようになるまでに、普通の赤ちゃんにくらべて時間がかかります。

　脳性麻痺を持った赤ちゃんは、とりわけおだやかに落ち着いていることが難しいことがあります。

　　　リアノンは、出生時に酸素欠乏症となったために脳性麻痺を持って生まれました。彼女は、母親が「何日も続けて」と言うくらいの期間、

金切り声で泣き叫びました。両親はリアノンを落ち着かせることがどうしてもできませんでした。ほんの少し眠ったかと思うとすぐに目を醒まし，泣き叫びました。母親は，耐え難いのは，脳性麻痺ではなく，この子自身の方だわ，と言いました。「通じ合う」ことや慰めることのできない赤ちゃんを持つことで，母親は絶望的な気持ちになりました。家族と専門家の辛抱強い対応と十分なサポートによって，リアノンは以前よりも落ち着くようになりました。ほぼ無反応だった数カ月の後に，彼女は母親の声の方に顔を向けたり，微笑んで両親や兄を見つめるようになってきました。それは家族にとって重要なターニングポイントでした。「やっと，リアノンがいると思えるようになった」と父親は言いました。

生後 1 年における自閉症の兆候

　自閉症を持つ子どもの研究が進み，早期にみられる自閉症の兆候，時に「赤信号」と呼ばれる兆候を，場合によっては生後数カ月で見つけ出すことができるようになってきました。この研究のいくつかは，片方が後に自閉症と診断された一卵性双生児の家庭ビデオの映像を研究することでなされました。自閉症と診断された子どもは，双子のもう一方の子とくらべて運動の様子に違いを見出すことができるだけでなく，感情表現や社会的行動に微細な不具合を見つけ出すことができます（Acquarone 2007）。
　これらの研究で重要なことは，困難を持っている方の子どもの問題について，親は意識的には気がついていませんが，繊細にその子に適した関わり方をとっていたということです。そのことは，たとえば親の声のイントネーションや，その子を呼ぶ様子に表れていました。それは定型的に発達している方の子どもに話しかける様子とは違っていました。
　このことは，親と赤ちゃんが，互いのことを微妙で綿密な形で無意識の

うちに気づくようになっていることを示しています。しかしながらそれはまた，親がはっきりと気づいていないまま，さまざまな関わりのパターンが強化される可能性があることを示唆しています。こうしたパターンの中で，親とつながりあうことの難しい子どもたちは，定型発達をしているきょうだいと比べて親からの発達促進的な影響の恩恵をあまり受けていないかもしれないのです。この重要な研究領域は，特別なニーズを持った子どもに対するより早期の介入と，より早期の親へのサポートへの可能性を開きました。それによって不十分な関わりのパターンが発達の早い段階に確立してしまうことを予防する可能性が開かれたのです。

第3章
手放すこと

睡眠と不眠

　障がいを持つ子どものいる家族は，そうでない家族よりも睡眠に関する問題を抱えがちです。それには身体的な理由や心理的な理由や社会的な理由など，多くの理由があります。たとえば，夜間に看護や投薬を必要とする子どももいます。筋収縮や筋緊張亢進（筋肉の緊張が増大すること）のある子どもは，夜にベッドの中で普通に動き回ることができない可能性があり，不快や苦痛を感じて目覚め，自分で気持ちを落ち着かせることができません。人生において困難なスタートをきった赤ちゃんは，両親と離れて夜に暗闇の中でひとりぼっちになると不安になりやすい傾向があります。両親はそのような子どもたちが呼吸をしていなかったり，ひきつけを起こしたりするのを見て，ドキッとすることがあるかもしれません。

　このような要因はすべて睡眠の困難さの一因となりうるもので，その睡眠の困難さが次には家族生活全体に影響を及ぼします。長期にわたる睡眠の乱れから，家族の争いや気分の落ち込み，さらには離婚さえも生じることがあります。さらに親が仕事を続けられるかどうかに影響を与えがちであり，その結果，親の有能感や経済状態まで左右されてしまうのです。

　もちろん親は，もし夜間幼い子どもに身体的な危険があるとしたら，そ

れに対処しなければなりません。しかし時には、ルイスの例（23ページ参照）のように、子どもが一時的に生死に関わる状況に陥ったことを、たとえ実際に今問題がなくても、親がもう過去のことなのだと信じることが難しいことがあります。親が子どものためによかれと思っていても、結果的に、夜間に一緒にいてほしいという子どもの要求に過度に応えることになり、かえって睡眠障がいの一因になることがあります。

　子どもが必要としている愛情や安心を与えること、できるだけ身体的な安全や快適さを確保してやること、その一方で、親がいなくても自分でなんとかやっていけるよ、と保証してあげることのあいだでバランスをとるのは、ほとんど不可能です。こうした子どもを夜に落ち着かせるプロセスは、健康な子どもの場合よりも長くかかるかもしれません。

　場合によっては、夜間の親子の分離[訳注1]は、赤ちゃんが生まれる前の両親の体験によってより複雑になります。

　　　4歳のジェニーは、脳性麻痺のため四肢が不自由です。彼女の睡眠は夜にいつも乱され、彼女の泣き声で両親は一晩に数回目を覚ましました。両親は、どちらかひとりが夜によく眠れるように、交代でジェニーの世話をするため別々に寝ることにしていました。ジェニーは生後2年間ひきつけを起こしていましたが、その後はなくなっていました。彼女に処方された抗てんかん薬はよく効いているようでした。作業療法士は、ジェニーがベッドの中でより自由で快適にいられるように、特別なマットレスを提供しました。しかしそれでも、彼女は一晩に数回目を覚まし、母親か父親を呼び求め、呼ばれた方でない方の

訳注1）英国の白人の家庭においては、乳児期から子どもは親と別の寝室で眠るという習慣がある。以下の記述はこうした習慣を前提に書かれている。わが国では、これに対して、特に乳児期は両親と同じ寝室で眠ることが多い。こうした文化的な違いはあるものの、こののちに筆者が論じている、親が子どもにどうしてほしいのか明確な考えを示すことが大切だということは普遍的であると思われる。

親が来ると怒って拒否しました。ジェニーの母親は，ジェニーが一晩中眠るときが来るのを想像できませんでした。実は，数年前，この家族の別の子どもが乳幼児突然死で亡くなっていました。ジェニーの両親は，この経験がどのような影響を及ぼしているかについて私と話し合っていきました。そして，両親はジェニーが死ぬのではないかと恐れており，そのためにジェニーの言うままになってしまい，親としてしっかりとした考えを持ち，ジェニーが夜にはどうふるまう必要があるかについて，はっきりとしたメッセージを伝えることができなくなっていたことを理解することができました。

親が幼児の睡眠の困難さへの対処に自信が持てないと感じることには，他にも理由があります。

　２歳のララが心理学的査定を求めてやって来たのは，両親が彼女のことを自閉症かもしれないと考えたからでした。両親にはララの他に，年長の子どもが３人おり，その子たちは定型発達の多くの段階をすでに首尾よく通過していました。ララの母親は，自分がどれほど疲れ果てているか話しました。ララは夜に落ち着こうとしないのです。母親は，ララが夜に目覚めたときには，上の子どもたちの時にしたのとは違って，彼女が起きて家中を歩き回るのを許しました。時には，母親も父親もララも，何時間もずっと起きたままでいることもありました。長いお昼寝をして日中に睡眠不足を取り戻すララとは違って，母親は顔色が悪く，疲れ果てていました。そのような習慣を変えることについて考えたかどうか，私が母親に尋ねると，そうする前に診断を待っているのだと答えました。もしララが自閉症であるのなら，自閉症について知る必要があり，自閉症がどういうものかわかれば，睡眠の問題への対処を変える，ということでした。私はその答えに戸惑っ

て，なぜ何の行動もとらないのかと母親に尋ねました。彼女は診断が変化をもたらすだろうとただ感じたから，と答えました。

ララの両親は睡眠を切望している一方で，具体的にこの問題を深くは考えていないようでした。強烈であるけれども完全には意識されていない，ララを保護しようとする感覚のために，夜どうすべきかについてはっきりとしたメッセージをララに伝えることができなくなっていたのでした。残念ながら，そのせいでララが自分のしたいようにすることが問題にされないという状況が作り出されていました。それはララにとっても，両親にとっても，またララがなぜそんなに気ままにすることが許されているのかを理解できない彼女のきょうだいにとっても，よいことではありませんでした。

もちろん自閉症の幼児の多くは睡眠が非常に困難であり，睡眠のパターンを規則正しくするために，行動修正プログラムやメラトニン（皮膚の色素内にもともと存在している）のような薬物から恩恵を得る家族もありますし，もっと強い鎮静剤が処方されるような状況もありえます。しかし，ララのケースで強く印象づけられたのは，母親も父親も，上の子どもたちのときにうまくいった対処の仕方があるのにそれを試してすらいないことでした。私の経験では，睡眠の問題は，思慮深く理解し一貫した対処をすると，自閉症の幼児の睡眠困難でさえ著しく改善することができます。

ララには自閉症の診断がつきました。この診断によって，しばらくの間は，両親はララに自分のベッドで眠ってほしいと思わなくなりました。両親が夜にララを自分たちのベッドに連れて行くと，ララの睡眠時間に多少の改善がみられました。数カ月たち，体力と楽観的な気持ちがいくらか回復すると，両親はララを自分のベッドに戻す睡眠プログラムについて考えはじめました。

三者関係と睡眠の問題

　定型発達のプロセスでは，たいてい2歳から3歳の間に，子どもは両親の関係に強い好奇心を持つようになります。ここには，自分がそこにいないときに，お母さんとお父さんの間で何が起こっているかについての好奇心も含まれます。それは夜の暗闇以上に感情が搔き立てられる問題なのです。この発達段階では，子どもは，自分が両親の間で起こっていることから締め出されることがあるという事実や，それに伴う感情を処理することができなければなりません。子どもが排除され，さみしさや嫉妬心を感じるのは自然なことです。これはこの時期の子どもに課せられた情緒的な発達課題なのですが，それに対して子どもは両親間のプライバシーに立ち入ろうとすることで反応するかもしれません。

　この時点までよく眠っていた子どもが，夜に目覚めて，両親の間で何が起こっているかを見たい，そしてできれば邪魔したいというたいていは無意識的な意図を持って，両親のベッドまでやって来ることがよくあります。移動できない子どもは，夜に両親を呼び出したり叫んだりすることによって邪魔するかもしれません。親が独身である場合でさえ，幼児は，新しい赤ちゃんがやってくることによって，自分の座が奪われたり交代させられたりするのではないかという，心の中にある考えと結びついた心配や想いを抱いているものです。

　特別なニーズを持つ子どもの多くは，そうでない子どもたちと同じくらいにこのような不安に対して敏感です。知的な発達が遅れているために，この発達段階が定型発達の子どもと比べると遅くにやって来ることはあります。しかし，子どもが抱く両親の関係についての考えや感情は，時期によっては睡眠の困難さに一役買うことになります。こういった問題を意識していると，両親が眠れない子どもにどのように話しかけたらよいか，どのような保証を提供したらよいか，どの程度までそのような子どもの行動

を許容してよいと感じるか，時には夜間に文字通り「両親の間に割って入る」ことを許すかどうか，について考えるときの参考になるでしょう。

「長期的な視野を持つこと」は子育てをする上で役に立つ姿勢ですが，特別なニーズを持つ子どもの親が，いつでもこうした視野を簡単に持てるとは限りません。それは障がいが生涯にわたって続いていくものであるためであることがあります。特別なニーズを持つ幼い子どものいる家族の中には，親子の分離のプロセスにともなう難しさが強くあって，それが影響していることがあります。つまり，子どもが自立して生活できないままでいるだろうという未来の暗い影が，現在に投げかけられてしまい，親が逆に子どもの自立を不必要に阻んでしまっているかもしれません。

親は，「大きくなればやめるだろう」とか「はじめてのガールフレンドができたら，もう両親のベッドで寝ようとはしないだろう」といった気の休まる考えを持つことができないかもしれません。彼らにとって，そういった未来は想像できないものなのです。

ベビーシッター

障がいを持つ子どもの親は特に，社会的に孤立しやすく，結婚生活の破綻の危機にさらされやすいものです。子どもの身体的なニーズや変わった行動を理解してくれるベビーシッターを見つけることは，普通のベビーシッターを見つけることよりも難しいことです。しかし，ベビーシッターを頼まないことや外出しないことの理由が，それだけでないもっと複雑なケースもあります。

> 3歳のジャックは，ダウン症候群を持って生まれました。彼の身体的な健康状態は良好で，発達上もすべての領域において優れた進歩をみせていました。彼の両親によれば，ジャックが生まれてから夫婦で

一緒に外出していないし，他のきょうだいたちの面倒を見てくれた普通のベビーシッターに，ジャックをまかせては出かけられない，ということでした。その代わり，彼らは交代で，それぞれの友人たちと出かけていました。その両親のことをよく知るようになるにつれて私が感じ始めたのは，彼らは，自分たちには再び夫婦として過ごす権利がないと思っているようだ，ということでした。彼らは，お互いを恐れているのではなくて，親密になってしまったとき，彼らの間に起こってくると予想されることを恐れているのだろう，と思ったのです。つまり，もし真に夫婦らしくなれば，またよくないことが起こるかもしれないと感じていたのでした。

プレイグループ

　発達の初期段階では，両親あるいは主たる養育者が子どもの世界のすべてです。この世界はだんだん外へと広がり，家族，家族の友人，さらにその子ども自身の友人を含むようになります。子どもが障がいを持っているとき，このプロセスは一般的に時間のかかるものとなることでしょう。親としては，仕事に出てお金を稼ぐ必要があるという実際的な問題を，赤ちゃんの発達はゆっくりとしたものであるという現実を見据えて，よく考えていく機会を持つことが大切です。

　赤ちゃんが比較的反応が乏しく，交流が持ちにくいとき，母親は自分の努力が報われ，結果が認められる仕事に就きたくなることもあります。特別なニーズを持つ子どもの親の中には，家にいると人生が医療とセラピーの予約の繰り返しになってしまうと思う人もいることでしょう。

　養育者が，「普通の」子どもたちであふれるプレイグループや朝の親同士のお茶会といった外の世界に参加することがほとんど不可能となり，家にひきこもってしまうことがあります。その場合，子どもの方は発達に役

に立つ体験をするチャンスを逃してしまうことになります。

　　　ある母親の話です。彼女の友人が，同じ頃に生まれた赤ちゃんたちを一緒に世話する集まりを作ろうとしていました。しかし彼女はそれに参加できないと感じていました。他の母親たちは，自分の子どもが普通に発達しているのに彼女の子どもがそうではないことについて気まずく感じるだろうから，というのがその理由でした。彼女は，友人たちに気まずい思いをさせないようにしなければならない，と思っていたのです。

　特別なニーズを持つ子どもとその養育者のためのグループを作ることで，この比較というつらい問題が解決できるとは限りません。親というのは，他の子どもと自分の子どもの障がいの程度を比べて敏感に感じとるものなのです。

　ただ特別なニーズを持つ子どもがいるというだけで，親同士が友人になれるだろうと考えることもまた，現実的ではありません。共通していることもあるかもしれませんが，特別なニーズを持つ子どもがいるという共通の状況がなかったのなら，彼らの歩みは決して交わらなかったかもしれません。

　こういったことを考えると，親自身が，社会的に孤立していると感じたり，養育者としての仕事を孤独なものとして感じたりして，傷つきやすくなっていることがわかります。こうしたわけで，誰か他の人が助けてくれたり，大変さを分かち合ってくれるのだと信じることが，たとえそういった機会が生じたとしても，難しくなるかもしれないのです。

　とはいえ，子どもは，発達の初期においては，養育者が一緒にいれば，ほかの人たちの集まりから成長に必要な糧を得るものなのです。

保育所と学校

　保育所や学校に通い始めることは，子どもの人生における大きな出来事です。特別なニーズを持つ子どもの親は，子どもが保育所や学校に行く時がやって来ると，複雑な感情を抱くことがあります。それは，はじめての分離体験になるのかもしれません。親がいない時に何が起こったかを親に伝えることができない子どもを，他人にゆだねるというのは，かなりの不安をもたらします。

　普通学校と特別支援学校のどちらに入れるかは，親にとって決断するのが難しい問題です。どちらの選択肢にもそれぞれ魅力があり，また一方で難点もあります。普通学校では，子どもの特性が見過ごされたり，あるいは，その特性に適切には合わせてもらえない心配があります。直視するのはつらいことですが，普通学校に行ったとしても，孤立したり，いじめられることもあるかもしれません。

　親たちは，特別なニーズを持つ子どものための保育所や学校なら，もっと専門知識があるだろうと期待しています。しかし同時に，自分の子どもが特別なニーズを持つ他の子どもたちとしか交わらないことの影響を，当然ながら心配もするのです。

　　　ローリーの父親は，この心配を表現するのに，スポーツのたとえを使って言いました。もしサッカーが上手になりたいなら，自分自身と同じレベルではなく，自分より上手な人たちとプレイしなければならない，と。

　幼い自閉症児は特に，社会的な関係を持ちづらいものです。そういった子どもの親は，もし自分の子が他の社会的な関係を持ちづらい子どもたちとしか交わらないなら，友達を作る方法を学べないのではないかと心配し

ます。こういったことをよく考えた上で決定しなければならないため，保育所や学校に入ることは，気が重いことがらとなります。そして子どもがもっと幼かったときに感じたさまざまな感情が蘇ってきます。ちょうど親が成長して，自分の子どもにも慣れて自信がついた頃に，その子を保育所や学校の職員に，時には1日のうち何時間も預けることを考えなければならないのです。

　親の中には，特別なニーズを持つ自分たちの幼い子どもは，1日中保育所で過ごすことで，発達に必要な刺激を受けることができる，と感じる親もいます。一方で自分の子どもは発達的に遅れているのだから，むしろ保育所での時間を減らして家でより長く過ごす方がよい，と感じる親もいます。

　普通学校を選択する親には，学校に特別なニーズを持つ子どものための設備があり，いろいろなサービスも利用できることを伝えて安心させる必要があるでしょう。現在では，そういったサービスの中には子どもの教育上の特別なニーズに関する教育心理学的査定があり，希望すれば地域の教育委員会が提供してくれます。親はこうしたプロセスに感情的になりがちで，教育委員会は，子どもに対するサービスの出し惜しみをしていると思ってしまうことがあります。こうしたことは，家族をとても動揺させ激怒させるかもしれません。他のこうした状況と同じく，この場合も，子どものために頑張ることと「闘争」に陥っていくこととの間，つまり子どもが家族と離れている間もうまくやっていけるような機会を可能な限り与えられるようがんばることと，エネルギーを使い果たし多大な苦痛をひきおこすだけになることとの間には，紙一重の違いしかないのです。

第4章
問題行動を理解することと線引きをすること

定型発達におけるトイレット・トレーニング

　定型発達のプロセスでは，赤ちゃんや幼児は社会的な状況の中で成長し発達するにしたがい，その文化を身につけていきます。トイレット・トレーニングはこのプロセスについての最適の見本です。トイレット・トレーニングのプロセスでは，乳児は，まず膀胱や腸を空にすることで，身体的な安堵を体験したり，快適さを回復したりします。けれどもこれは意図的な行為ではありません。赤ちゃんは，おしっこやうんちがいったん自分の体から離れてしまったらどこへ行くのか知らないのは確かです。赤ちゃんは，自分の排便がまわりの人々にどんな影響をもたらすかについても，ほとんど知りませんし，期待に応えてとか，社会的に受けいれられるように排便することで誰かを喜ばせようとは考えてもみません。おむつ替えのときの世話のされ方が，それが何度も繰り返されることで積み重なっていき，赤ちゃんに影響を与えるでしょう。ある子どもは，おむつにたっぷりとおしっこをすることがお利口さんであるというメッセージを与えられるかもしれません。その一方で，おむつ替えは養育者にとってありがたくないことだという感じを，言語・非言語の両面で感じ取る子どももいるでしょう。
　子どもは神経学的，生理学的に発達するにつれて，排便を感知しコント

ロールする能力が発達していきます。この身体のプロセスと並行して，心理面での発達も生じてきます。子どもは，親に言葉で伝えられる中で，お父さんやお母さんはおしっこやうんちを決められた場所でしてほしいのだな，ということを理解する能力を持つようになります。それと同じくらい重要なのは，子どもは，親が自分にしてほしいと思っていることをしたいと思う必要があるのです。つまり，情緒的な観点から言えば，子どもは親を喜ばせるために親の願いに従いたいと思うことが必要なのです。子どもが親の要望に合わせることは，子どもの親に対する愛情の表現と言えるでしょう。その場合，親に対して抱く攻撃的，反社会的な感情よりも，愛情の方が上回っていなければなりません。

　子どもは，人間関係を離れて，この発達段階を通り過ぎることはできません。それどころか，親の感情や期待が決定的な役割を果たします。これは特別なニーズを持った子どもにも当てはまることなのです。

　　4歳のライリーは，発達のあらゆる領域において重度の遅れを抱えていました。とても小さな赤ちゃんの頃に，何度も手術や医療的介入を受けました。感覚の面で，彼には反応が鈍い領域と過敏な領域がありました。神経系統は混乱していました。両親の報告によると，ライリーは，おしっこはおまるの中にするけれども，うんちはいつも床にするとのことでした。ときどき，うんちを壁に塗りつけることもありました。両親は，ライリーがうんちが出てくるのを感じられないか，あるいはうんちがおまるに入るのを理解してないのではないかと感じていました。両親は，あきらめて壁を拭き続けていました！

　　より詳しく観察してみると，ライリーはこれまでずっと，床の上にうんちをするために，おまるから降りていたことが明らかになりました。これは単に自分が何をしようとしているか分からないという問題でも，おまるの中にうんちをするべきだと理解していないという問題

でもない，と私たちは考え始めました。そのことがはっきりしてくると，両親はライリーに率直に，うんちをおまるにしてほしい，と伝えました。両親とライリーとの意志のぶつかり合いが，続いて起こりました。定型発達の子どもよりは長くかかりましたが，しばらくたって，両親も努力を続けた末に，ライリーはおしっこの時と同じようにうんちの時にもおまるを使い始めました。

もしライリーが定型発達の子どもであったなら，両親はうんちを塗りたくるのを許容する気にはならなかったでしょう。私は家族の外にいる人間だったため，ライリーの行動は理解の失敗ではなく，何か他のことの表現であるかもしれないと容易に理解することができました。

健康な攻撃性

健康な攻撃性は，子どもの正常な発達の一部分です。ところが，私たちの文化はそれをいつでも快く受け容れるわけではありません。子どもに対する一般的なイメージは，子どもを「美化」して捉える傾向があり，非現実的で理想的な子ども時代という見方を広めています。しかし，攻撃性を感じとり表現する能力は，誰にでも見られるだけでなく，精神の健康にとって必要不可欠な要素です。親なら誰でも，子どもが親の意志に対して自分の意志で立ち向かう「魔の2歳児（第一反抗期）」のことをよく知っています。その格闘のプロセスの中で，子どもは，よりしっかりと安定した自己感覚を育てていくのです。10代になると似たようなプロセスが生じます。そのような格闘は，アイデンティティや自尊心の発達のために必要不可欠なのです。

特別なニーズを持つ子どももまた，「いや」と言って自己主張することができる必要があります。時には，誰かに殴りかかることで嫌な感情を表

現し，それに対して，他の子たちと同様に，その行動は受けいれられないというはっきりしたメッセージを受けとることもあるでしょう。しかし，特別なニーズがある場合，親と子がこの発達段階を一緒に切り抜けることが複雑で難しいことがあります。私は，それには少なくとも2つの理由があると思います。

1つめは，ある行動が一時的な行動なのか，その子のより変わりにくい，望ましくない特徴が新たに始まったものなのかを区別することが難しいということです。障がいそのものは生涯にわたるものなので，2次的な行動上の困難も生涯続くものと思いこむ傾向があります。

　　脳性麻痺のあるジェイコブは，多くの領域で発達が遅れていましたが，いくつかの重要な点では，標準的な道すじを辿りつつあるようにみえました。2歳頃に，彼は協調的でなくなり始めました。いつもの時間にベッドに入ることを嫌がり，服を着るときに母親がいつものように協力してくれるように頼んでも，さかんに抵抗するようになりました。また，少人数のプレイグループでは，他の子どもたちの髪をつかんだりひっぱったりし始めました。母親はこのような変化にとても驚きました。彼女は，ジェイコブにとって人生はすでにとてもつらいものになりつつあるのだと思う，と話しました。ジェイコブがニコニコして愛らしい赤ちゃんであったときには，誰もが彼のことを好きでした。ジェイコブの母親は，彼が攻撃的な子どもに変わりつつあることを心配していました。彼女は想像の中で，ジェイコブが大きくて怒りっぽい，手に負えない子になっている将来を思い浮かべていました。母親には，この状態がジェイコブの愛すべき性格がなくなっていってしまっていることに思えたために，乗り越えなければならない発達課題であるかもしれないと考えることは難しかったのです。

　　ジェイコブの母親はまた，特別なニーズを持つ幼児において，攻撃

的な衝動と折り合いをつけることを難しくする2つめの要因について，明確にしてくれました。彼女は，ジェイコブが他の人と違うふうに見られるのではないかと心配している，と話してくれました。ジェイコブがかんしゃくや「不品行」で人生を困難なものにしているとき，母親自身が，ジェイコブが他の子と違うように見えて，さらに腹立たしい気持ちになっていました。彼女は率直にこう思ったと言いました。「特別なニーズを持ってるだけでもうんざりなのに，その上誰にも好かれないチンピラになるなんて！」。

このような不安は，子どもの攻撃性に対して援助的に振るまうのを難しくすることがあります。過剰に反応することは，子どもが自分のことをとめどなく強いのだという考えを持つようになるので，逆効果です。反応しなさすぎることもまた，子どもにとっては許容される行動との線引きがはっきりしないままにされることになるので，助けにはなりません。学習障がいを持つ子どものうちの何割かは，「挑戦的行動」として知られている行動を発達させ続けるということは，よく知られています。これは10代になると子ども自身や家族にとっても悲劇的な結果をもたらすことがあり，入所施設での治療が必要となるケースもあります。

このような行動はたいてい，子どもや若者，そして彼らの周りの人々に対する危険性という観点からみられています。そういった挑戦的行動と学習障がいの間には生来的な関連がある場合もあると考えられています。しかし，学習障がいを持つ多くの子どもたちは，人生の早期に適切な環境が与えられるならば，普通にふるまうことができる，ということを示す証拠もまた存在するのです。

睡眠，トイレット・トレーニング，プレイグループは，このような衝突が初めて演じられる闘いの場となります。両親が落ち込み，疲れ果て，不安になっていると，子どもが両親から何を期待されているかを見出すこと

を手助けする重要な機会を，見落としてしまうこともあるかもしれません。親というものは，子どものすることしないことすべてを，その子の障がいと関連づけて考えるような心の状態に入り込むものです。障がいは「治る」ことはないと言っても，それが本当に重要なことでしょうか？　このような心の状態や考えは，親が子どもの助けになるように関わる自然な能力の妨げとなるのです。

性愛と性的な行動

親がよくする心配に，性的関心にかかわるものがあります。10代はそれが最も前面に出やすい時期ですが，幼児の頃でも，身体の性的な部分を使った行動に驚かされることがあります。幼児の性的な感情は社会におけるタブーのひとつです。同様に特別なニーズを持つ大人の性的な感情や行動も社会的にタブーと見なされます。どちらの場合も，彼らが無垢で，性的に無能で，欲情を欠いているという幻想があり，それが実際に観察される事実と違っているため，混乱が生じるのです。

定型的な発達を遂げている子どもを観察していると分かるのですが，子どもたちは大人の性や生殖のプロセスについて好奇心を持ちよく知っているだけでなく，自分自身の体のこともよく知っていることが分かります。性的器官をさわったり探索したりすることを通して，快い性的感覚を探究することは，普通の発達の中で見られることです。それが心配の種になるのは，そのような興味がおさえがたい習慣になり，子どもの心を強烈に夢中にさせ，強い支配力を振るうことがあるからです。特別なニーズを持つ幼児は，この領域においてとりわけ影響を受けやすいかもしれません。なぜかというと，定型発達の子どもは，話すことや遊ぶこと，関わることから刺激を受けますが，特別なニーズを持った子どもは，そのような刺激を受け取りにくいからです。そういった刺激とは対照的に，自分自身の身体

や快い身体感覚は常に利用することができます。

　誰のことも必要としていないように見える子どもは，ひとりで放っておかれていることが多く，考えたり，遊んだり，話したりする材料もあまりないので，快感を求めて自分の身体に過度に依存することになっても無理はありません。このような子どもは，自分にインパクトを与えるような，直接的かつ感覚的な性質を持った別の楽しみを発見する手助けを必要としているのでしょう。最も大切なのは，その子が誰かとの情緒的な接触へと積極的に引き出され，その結果として，孤独な楽しみが，生きた人間の仲間と分かちあわれる，特有の楽しみに変わっていくことなのです。

　　２歳のジェレミーは，好奇心に欠け，消極的な様子がしばしばみられました。しかし母親の髪を自分の指に巻き付けたり，母親がタイツをはくときに母親の足を手でなでたりするときには，とても興奮しました。ある時からそこに，母親の体に自分のペニスをこすりつけることが加わって，この興奮は性的な側面を持つようになりました。母親は，ジェレミーの関心をひいているのは，自分ではなく，自分の体のこれらの部分に過ぎないのだ，という気持ちを述べました。彼女はまた，ジェレミーの興奮はきわめて独りよがりな性質のものであり，お互いをより親密にするものではない，とも感じていました。ジェレミーの母親は辛抱強く，彼の関心をおもちゃや本に向け替え，こういった行動に対し過度に反応することも，完全に無視することもしないようにしました。そうこうするうちに，ジェレミーはそうした行動に夢中にならなくなり，彼が大きくなったら「性倒錯者」になるのではないかという母親の不安は消えました。

　子どもが性的興奮をともなう感覚に過度に夢中になるのは，不安を感じて，何もかも大丈夫だと自分を安心させようとして自分の体を利用してい

るためであることがあります。そのようなケースでは，親は，性的行動そのものに焦点を当てすぎるよりはむしろ，不安そのものを理解し，対処しようと努めるのがよいでしょう。学校や家での変化が，不安や不安定感を引き起こすことがあります。

　特別なニーズを持つ子どもは，依存しなければならないことが増える一方で，コミュニケーションをとることが難しいので，大人からも他の子どもからも，性的な虐待を特に受けやすいのです。もし子どもの行動が過度に性的になっているようならば，性的な虐待を受けている可能性は常に考慮しなければなりません。そしてもし必要ならば，社会福祉局[訳注1]に，その子どもの安全がどれくらい脅かされているのか，専門的な判定を求めるべきです。

訳注1）日本においては，児童相談所への通告の義務が，児童虐待防止法によって定められている。

第5章
診断，検査，治療，セラピー

診　断

　普通に成長している赤ちゃんや子どもの親の大半は幸運にも，自分の子どもについて専門家からとても悪い知らせを受け取るという目にあったことはありません。しかし，障がいの診断が下されると，親は，人生のすべてが変わってしまう情報を示されることになるのです。

　診断は，病名だけでなく，おそらく遺伝によるものであるとか，胎内での不慮の損傷の結果であるといった，原因についての情報をももたらすかもしれません。また予後，つまり子どもの発達に関する将来の可能性の予測をも伴うかもしれません。そういった予後の診断はたいてい，遠い将来にまでわたり，実際，一生涯にわたることもあります。障がいに関してわかってきたことが増えてきているにもかかわらず，悲しいことに専門家から「彼は植物人間になるだろう」「彼女の脳は調子の悪いコンピューターのようなものだ」「彼のことは忘れて，別の赤ちゃんを作りなさい」と言われた，と報告する親もいまだにいます。診断を受けた時点で，多くの親が，自分たちの子どもを失ってしまい，代わりに「見知らぬ」子どもに適応しなければならない，と感じるのも驚くことではありません。診断は，医療行為中でも影響力の大きいものなのです。

赤ちゃんや子どもの状態についての診断には，特別な難しさが伴います。両親が何年も悩み苦しんで育ててきたような場合には，診断は安堵をもたらし，何かがおかしいという彼ら自身の体験を裏づけます。それに対して，子どもがとても幼い場合には，親は子どものことを個人として感じないうちに，悪い知らせを受け入れなければならないこともあります。

　ジェーンの両親は，生まれたばかりの赤ちゃんとの最初の出会いが，看護師が医師を呼ぶ声によって不快にも邪魔され，医師がほとんど説明もなしに赤ちゃんを連れ去った様子を，生々しく説明してくれました。看護師はダウン症候群の特徴に気づいたのです。数カ月経ってもジェーンの両親は，奪われたという感覚，つまり彼らから何かが盗まれたという感覚を振り払うことができませんでした。ジェーンの母親が言ったように，「私たちは赤ちゃんのことをだんだんと知っていくつもりでした。ところが，赤ちゃんは連れ去られ，私たちは自分たちの赤ちゃんではなくダウン症候群について知らざるをえなかったのです。」

　科学研究は，いずれは予防や治療が期待されるいくつかの病気について，多くの理解をもたらしています。それはありがたいことですし，親は自分の子どもの状態についての情報を必要とします。しかし，こういった事態は単純ではありません。診断がなされると，親は与えられた情報を，頭の中だけでなく，気持ちの面でも受け入れ吸収しなければならないという課題に直面します。気持ちの面で受け入れるというプロセスは，頭でわかるよりも長い時間を必要とすることがあります。時には，診断の衝撃のために，事実を受け入れることができなくなることもあります。

　診断面接期間の後，リックが自閉症スペクトラム障がいであるとい

うことが両親に伝えられました。リックの母親は，ほとんどの診断面接に出席し，彼には困難な部分があると強く感じてはいました。彼女はいつも，リックのことを「通じ」にくいと思っていました。しかし，リックの父親は，その診断に怒り，診断面接チームは間違っていると主張しました。彼の息子の唯一の問題は話せないことだけだ。自分自身も話し始めるのが遅かった，だから自分の息子もそのうち追いつくだろう。彼が必要としているのは時間だけなのだ，と。

リックの父親が診断を受けいれるのには，時間を必要としました。それはその後数カ月にわたるつらいプロセスとなりました。自分たちが何かを言ったら，すんなり聞き手によって受けいれられるだろう，と専門家が考えるとしたら，認識が甘いと言わざるを得ません。リックの父親の場合，彼がその診断に関してどういう思いを抱いているのかを率直に診断面接チームに知らせてくれたので，ある意味コミュニケーションはむしろとりやすくなったのでした。

　リックの父親と違って，親の中には反応がそれほどあからさまではないので，読み取るのが難しい人もいます。

　　ジュリーの両親は，娘の障がい，彼女の脳がこうむった損傷，そして影響を受けている能力の領域について医師が伝えた情報を受け入れたように見えました。医師は，コンサルテーションの中で，両親の質問に答える形で，ジュリーが自力で歩行できるようになる見込みはないだろう，という予測を伝えました。一週間ほど後に，両親は，理学療法士に，ジュリーが歩けるようにするにはどういう訓練をしたらよいのか相談しました。理学療法士は，両親が医師の言ったことを理解していなかったのではないかと心配になったのでした。

望ましくない知識をどこかにやってしまおうとするのは，人間として普通の反応です。両親は，自分たちの子どものイメージと，専門家から「事実」として伝えられたその子の将来とを統合する，という課題に直面させられるのです。それらを心の中に一緒に置いておくということは，簡単に達成できるような課題ではありません。無理にでもその課題を成し遂げる1つの方法は，心の中で別々の種類の知識は別々の区画に分けておくことです。しかし，このやり方には問題があります。ジュリーの両親は，娘にしてほしいと望んだ治療法に，理学療法士が同意しようとしなかったため，理学療法士と衝突することになりました。

診断は，必要とされ求められるものではあるけれども，持ちこたえるのが難しい別の重荷を両親に担わせます。診断を受けたことによって，その子どもの可能性が覆い隠されるということがあります。治療のできない障がいに直面すると，私たちは簡単に，何もできずどうすることもできないと感じてしまいます。親の中には，子どもに対してベストを尽くすためには，その障がいの専門家にならなければならないと感じる人もいます。インターネットによって，障がいの原因や治療法，そして場合によっては治癒についてさえ，読むことができる無限の可能性が開かれています。こういった反応の危険なところは，障がいについての一般的な情報が，ある特定の子どもに関して直接体験した個別の知識に取って代わってしまう可能性があることです。

　　エヴァンの母親は，自分自身が落ち込んでいると，エヴァンの気分もすぐれないようだ，と話しました。しかし，こんなことは意味がないことはわかっていると付け加えました。なぜなら，エヴァンの知能指数では，自分がどう感じているかを理解することはとてもできそうにないからだと言うのでした。

ここまで述べてきたことは，診断を伝えない方がよいという議論を支持しようとしたものではありません。特別なニーズを持つ子どもの親は，あらゆる親と同様に，おそらくそれ以上に，未来への希望に満ちた幸福な雰囲気の中で子どもと暮らす必要があります。診断がこうした幸福や希望の感覚に与える短期的な衝撃を過小評価してはいけません。親には自然回復力があるとしても，診断がなされたときやその余波の影響があるときには，特別なサポートを必要とします。そうすることで，その影響が固定化せず，長期にわたらなくなるのです。

検査，治療，セラピー

診断を与えたり受けたりすることにまつわる複雑な問題のいくつかは，検査や治療，セラピーをめぐっても現れます。今では検査は母胎内から始まり，障がいによっては，妊娠中に中絶の判断がなされるほど早く特定されることもあります。これらの検査はまた，生まれてくる赤ちゃんのためになるように，妊娠と出産を進めていくための介入にもつながります。

検査の中には，もちろん必要不可欠なものもあります。しかし，査定や検査がそれ自体のために行われることになるような心の状態に陥ってしまうこともあります。これは，先に述べた無力感とも関係します。親は，そしてときには専門家も，「何もしない」でいること，つまり普通にただ子どもと一緒にいるよりはむしろ，「何かをする」方が気分がよいと感じることがあります。

検査やその他の介入が重要だと感じられないのであれば，それらを子どもに受けさせようとする親はほとんどいません。しかし，心配や不安のせいで，本当に価値があることとそうでもないことを区別する能力が乱されることがあります。それで，セラピーや治療について，必ずしもそれが適切でない場合でも，「多いほどよい」と思いこむ親もいます。このように

して，セラピーや治療は，親自身や子どもの助けになるというより過重な負担を強いるだけになる危険があります。宿題として指示された訓練をするのに，どれくらい家族の時間をさけばよいのでしょう？ 訓練が役に立つことは疑いありませんが，その他の普段の家族の時間に必要なことと照らし合わせて，判断しなければならないでしょう。

親は，介入を提供する専門家を前にすると，親にしかできないことの価値を見失う危険が常にあります。親は，治療を家族の時間にいかに組み込むかについて，最善の判断ができる人なのだと思います。

親というのは，**できるかぎりあらゆる方法**で子どもを手助けしようとしないといけないと感じるものです。しかし，この考え方は，家族の幸せにはつながらないかもしれません。こうした親は，人からまだ足りないところがあると思われるのではないかと恐れたり，あるいは自分でまだ足りないところがあってはいけないと思ってしまい，そうした思いや恐れに突き動かされて，責任を引き受けすぎるという危険を冒すことになります。

病気の症状が繰り返し起こり，非常に長い間入院している子どもに対して，どこまで医学的介入をし続けるべきなのかという問題を，親自身が直接病院に対して問い質さなければならない場合があります。このようなケースがときどき全国紙で報道されますが，こうした場合，たいてい親と病院スタッフが対立状態になっています。こういった問題はすべて，簡単な答えが存在しない，非常に込み入った問題です。

このような場合，検査や治療，それにセラピーのプログラムを開始するときの親の心の状態について理解しようとすることが，役に立つかもしれません。親が絶望の淵に立っていて，そのためにかえって，あらゆることをしようとしたり，よりよいことを求め続けている状態にある場合，こういった消耗するような活動をすることで，親は自分の罪悪感や無力感や落ち込んだ気分を寄せ付けないようにしている可能性があります。これは，その子どもにとっても家族にとっても，情緒的によい結果はもたらされな

いでしょう。
　家族旅行は，計画を立てたり，必要なものを揃えたり，より広い世間の人々と向き合うことになりますが，経済的な状況が許し，親も取り組みたいと思うならば，子どもの成長が止まってもいないし，後退もしていないことが分かってびっくりすることが多いものです。子どもだけでなく，まさに家族全体が，スケジュールの決まっていない時間を一緒に過ごすことや新しい環境から得るものがあるのです。

第6章
自閉症を持つ幼児を理解すること

自閉症スペクトラム障がい

　ある障がいを，あたかもその影響をはかりで測ることができ，重いか軽いかが分かるかのように，別の障がいと比較することには意味がありません。しかし，子どもが自閉症を持っていることで，その親に悲しみや苦しみがひきおこされる可能性が相当大きいことは間違いありません。幼い自閉的な子どもを持つ親が，苦しみが大きくなってしまう理由の核心を話してくれることがあります。ある親は，もし自分たちが明日死んでいなくなっても，子どもは気づかないだろう，と語りました。またある親は，「あの子には私の言うことが聞こえているのは分かっています，でも，まるで耳が聞こえないかのようです」と語りました。彼らが表現しているのは，自分たちが変わらない愛情を持って接しているにもかかわらず，その子にとっては，自分たちが何の特別な存在でもなく，人間としてさえ存在していないかのように感じられるという苦痛なのです。自閉症を持った子どもにとって，ドアを開けたり，飲み物に手を伸ばすために手が必要であるときには，親は役に立つのですが，その人をその人たらしめる人間性は，感じられても認識されてもいません。

　このような経験をしながら暮らすことは，消耗し，胸が張り裂けそうに

なるものです。自閉症を持った子どもと暮らす親の経験を「トラウマ的」（Alvarez & Reid 1999, p.33）と表現する専門家もいます。自分の子どもに言いたいことを分からせようと努力したり，睡眠や食事の問題をなんとかしようとして疲れ果て，その上に愛されていないという感情が合わさると，人は消耗していくものです。

　3歳のアリは，テーブルの上から床におもちゃを払い落としながら，部屋を動き回っていました。母親が注意をひこうと名前を呼んだときにも，彼は反応しませんでした。母親が目を合わせようとすると，それを避け，かなりぼんやりしたまなざしを，どこへ向けるでも，誰に向けるでもない様子でいました。彼はボールを手渡されると，自分の頭ごしに後ろへ投げ，その後はボールについて完全に忘れてしまっているように見えました。母親が彼にもう一度取ってきてと言っても，取りに戻ることはなく，まるで気づいていないかのように別の方向に行ってしまいました。彼の体は小さな装甲車のようで，彼の顔は無関心な様子で，ニコリともしませんでした。

　自閉症について，あるいはより広く自閉症スペクトラム障がいについては，これまでに多くの本が書かれています。1943年にカナーによって最初に定義されて以来，この疾患がどのような種類のものなのか，何によって引き起こされるものか，またこの疾患をもつ子どもにとって最も効果的な介入は何か，ということについて正確に理解しようとする試みが数多くなされてきました。私たちの理解はまだ不完全ではありますが，複数の遺伝子的要因がその原因に重要な役割を果たしているということが，大筋で合意されています。今のところ，それぞれの子どもにおいて，どのように環境要因が遺伝子要因と相互作用しあっているのか，ということはあまりわかっていません。多くの要因がさまざまに組み合わさって，自閉性障が

いのスペクトラムを形成している可能性があります。

　親によって，自分の子どもの自閉症の徴候について話すことが異なります。親の中には，子どもの人生の最初から，何かがおかしいと分かっていた，と言う人もいます。赤ちゃんのときから落ち着かせるのが難しかった，とか，哺乳意欲がほとんどみられず，ものを食べさせるのも難しかった，とか，なだめるのが難しく，落ち着きがなくイライラしていて，抱き上げられて抱っこされているより，自分のベッドでひとりにされている方が幸せそうに見えた，などです。

　はじめて親になった人は，この「奇妙さ」がすべての赤ちゃんに共通のものかどうか知るのは難しいでしょう。経験のある親は，こうしたふるまいをその特定の赤ちゃんの人柄や性格のせいにするでしょうし，あとで自閉症だとわかってはじめてそうではなかったことがわかるのです。

　また，全然ちがう話をする親もいます。親の中には，自分の子どもが生後1年の間どれだけ普通に発達しているように見えたかを述べる人もいます。その子は，片言をしゃべったり，コミュニケーションの手段として指さしをしたりさえしていました。しかし，生後2年目になるとそのうち，退歩してしまったのです。その子は，片言をしゃべることや笑うことがなくなり，自分の周りの世界に関心を失ったように見えました。

　親は，自分たちの経験の中に意味を見出そうとして，こういった話を何度も繰り返します。

　問題の原因が何であれ，子どもの人生において自閉症の徴候が現れることは深刻なことです。特に子どもが小さい頃，自閉症は，まるで通り道にあるものをすべてなぎたおす大型トラックのように，びくともしないように感じられる，と親が表明することは珍しくありません。おそらくこれは，疾患それ自体が一般に「一生もの」とみなされているためでしょう。そして，障がいの性質上，自分の人格が認めてもらえないとか，自分が必要とはされていないと，親が容易に感じてしまうこととも関係が

あるでしょう。そういった，運命としてあきらめるような気持ちや絶望感は，親が子どもの発達に関わったり影響を与えたりするのを妨げるかもしれません。

　自閉症スペクトラム障がいを持っていると診断された子どもは，共通した困難を抱えています。それは，社会的理解の困難，言葉や身振りを通してのコミュニケーションの困難，それにアリの例に見られた想像力豊かに遊ぶことの困難です。アリにとって，おもちゃはただ倒すためだけのものでした。彼は，異なるおもちゃに異なる意味や可能性を見出しませんでした。自閉性スペクトラム障がいを持った多くの子どもはまた，人と交流する遊びというよりは，中身がなく繰り返しの儀式のような行動パターンに囚われてしまいがちです。彼らは，その儀式を邪魔されると，とても混乱することがあります。

自閉症スペクトラム障がいと発達のプロセス

　「障がいの三つ組」として知られている，言葉の領域での問題，想像力と遊びの領域での問題，反復したり融通がきかない傾向は，自閉症スペクトラム障がいの子どもに共通していますが，それぞれの子どもにはとても大きな違いがあります。しかしそのことは残念ながら簡単に見過ごされてしまいがちです。ある同僚が私にこう言いました。「自閉症それ自体はかなり退屈なものだ。私が関心を持っているのは子どもそのものなんだ。」

　私が本書全体を通して主張しているように，障がいを持つ子どもを育てるという体験は，長期にわたるものであり，ショックを受けるものであり，困難なものなので，親は，素直な目で考え，識別する力が発揮できなくなってしまうことがあります。

　　　　３歳のアダムは，数カ月間，とても引きこもった状態にありました。

彼は，養育者と一緒にプレイグループに参加していましたが，それまでトラブルは全くありませんでした。そこでは，他の子どもたちを避けて走り回り，子どもたちの間でときどき取り合いになるおもちゃや自転車にも興味を示さなかったのです。自閉症の診断を受け，セラピーを受け始めてしばらくたった頃，養育者は，アダムのふるまいがとてもひどいので，もうプレイグループに連れて行くことはできない，と報告しました。彼は他の子どもたちにぶつかったり押したりしていたのです。また，他の子たちを噛んだり，おもちゃを取ったりし始めたそうです。養育者はとても動揺し，その変化を発達ではなく，仲間との社会的交流ができなくなり始めたのだ，と捉えました。

　第4章で述べたように，普通の発達のプロセスにおいて，心理学的に健康になるためには，健康な攻撃性を開拓し，表現する必要があります。赤ちゃんの口の中に歯が生え始めると，人生における新たな発達段階の到来を告げる体験が前面に出てきます。それ以前の，穏やかでおおむね調和した雰囲気は，多様化します。不満や納得のいかない気持ちを意識し，表現するようになることが，以前よりも当たり前に見られるようになります。
　こういったことが，普通は家族という安全圏内で始まり，現実的な対処のできる，思いやりを持った大人が安全を維持しているより広い社会状況の中で探究されていきます。

　　アダムは3歳まで，引きこもっており，人のことを気にかける様子はみられませんでした。ましてや，人について何か感じているようにはほとんど見えませんでした。愛してくれる人に対しても愛着をほとんど，あるいは全く示しませんでした。発達の道筋には偏りが見られましたが，それでも彼が噛みつきを始めたのには，周りの世界に気づき，その世界とつながりを持ち始めたことが伴っているようにみえ

ました。この発達の段階が，実際にはアダムの発達にとって希望に満ちたサインであるかもしれないということは，養育者には理解し難いことでした。アダムのこのサインは「不適切な時に」「不適切な場所で」表れてしまい，アダムのこの振る舞いのためにその養育者自身がプレイグループの他の大人からきっと嫌がられたように思われたのですからそれも無理はありません。

　自閉症の本質についての説明で強調されることが多いのは，自閉症の子どもは周りの世界についての理解が欠けていて，特に，人には心があることについての理解が欠けているということです。それは，障がいから生じる困難について考える上では役に立つかもしれません。しかし，この小さな男の子がどんな「気持ち」を持っているのかという問題には触れられていません。アダムの養育者は，彼が他の子を押したり嚙んだりするのは，人や世界と関わりたいという気持ちが強すぎるからではなく，他者への理解が欠けているからだ，と言い張ったのでした。
　ある子どもが自閉症スペクトラム障がいを持っていると診断されることは，その子ども全体が障がいされているということを意味しません。しかし，そのことを忘れないでおくことはとても難しいのです。優しさや愛らしさ，頑固さや横暴さといった生まれ持った特徴は自閉症によって消し去られるものではありません。ありがたいことに，普通に発達しようとするあらゆる推進力もまた，消し去られはしないのです。

自閉症を持つ幼児に制限を設けること

　自閉症を持つ子どもに役立つような制限を設けることには，葛藤や難しさを伴いますが，それについて話してくれた親御さんたちに私は感謝しています。こうした制限は，家族生活のいくつかの領域と関連してきます。

最も日常的なものは，食べることと眠ることです。親御さんたちと話すことを通して，私は，彼らが自分の子どもについてどのような信念をもっているのかを理解するようになりました。そして，それらの信念がとても重要な局面で，親御さんの持つ他の考えや体験と相容れないものであることがわかってきました。

ジレンマの中心になるのは，次のようなものです。

> 私の子どもは 3 歳ですが，まだ話しません。その子が夜に目覚めて泣いても，どこが具合悪いのか知るすべが私にはありません。お腹が空いているのかもしれない，どこか痛いのかもしれない，私がちゃんといるかどうか確かめないといられなかったのかもしれない，あるいは，ただ相手をしてほしいと思って私を起こしたのかもしれない，そんなふうに思って，私はそれに付き合います。この子は自閉症だから，望んでいることや感じていることを私に伝えられない。だからこそ，この子が本当に必要としていることを見過ごすことがあってはならないのです。だから私は，この子が私のベッドで寝るのを許し，目覚めたときには，抱っこし，食べ物を与え，あやすのです。心の中では対話が続いています。この子がもっと大きくなって話し始めたら，何が問題なのかを私に伝えることができるようになるだろう。そうしたら私はこの子にどのように反応したらいいのかがわかるだろう，と。

似たような状況は食べることに関しても容易に起こります。その子は朝食の時には食べませんが，1 時間後に母親の手を取り，小さく飛び跳ね，母親の足をつねったりしながら台所へ引っぱってゆき，ビスケットの入った戸棚を見つめます。母親はその子にビスケットを与えます。なぜならその子が朝食を全く食べていなかったからです。しばらく後にこれがふたたび繰り返されて，母親は子どもにビスケットを与えます。子どもはまだ

十分な食事をとっていないからです．1 時間後，昼食時になると，その子は母親が用意した食事を食べようとはしません．こんなことが 1 日中続き，午前 2 時にその子が泣いて目覚めると，母親は，今こそこの子は本当にお腹がすいているのかもしれない，だって 1 日中十分には食べていなかったのだから，と考えます．母親は子どものところに行って，食べ物を与えます．

　特別なニーズやコミュニケーション障がいを持たない子どもの親にとってさえ，「ダメ」と言うことや日課を定着させることが難しいことがあります．それができるために，親は，一時的に嫌われても，子どもが悲しんだり苦しんだりしている姿を見ても，気にしないでいられるくらいの安心感を持っている必要があります．話もできず，なぜかわからないけれども情緒的につながれず，それでいて傷つきやすくも見える幼児に，ダメと言っても冷酷ではない，という自信を親が持つことは難しいものです．

　ある母親は私にこう言いました．「私は彼の奴隷になりつつあります．」

　親はよく，「子どもが話すようになるのを待つこと」や「子どもが自分の部屋で寝る準備ができるのを待つこと」について話してくれます．多くの母親は，一度でも子どもが一晩中眠ってくれるなら，その子を子ども部屋に置いておけると感じるだろう，と言います．そして，さしあたっては子どもは母親のベッドで眠り，目が覚めると母親が手をさしのべてくれることになります．けれどもそれだけでは，この状況が堂々巡りに陥ってしまうのは，目に見えています．

　発達的な観点から言えば，子どもは，親が自分にどうしてほしいのかに関して，明確なメッセージを受け取る必要があります．さきほど述べた自閉症を持つ幼児は，食べ物は際限なく手に入るし，母親の世話も無限であるというメッセージを受け取ったように思われます．夜に母親を求めれば，母親はそれに答えてくれるというのが当然視されていたのでした．

　脆弱なところを持っていたり，特別なニーズを持っているということに

関係なく，あらゆる子どもたちが，一晩中眠ってほしいとか，食事の時には食べてほしい，という親の期待に間違いなく応えるものだ，と言いたいわけではありません。子どもの身体的，心理的，感覚的な弱さについては常によく考える必要があります。しかし，親がそのような期待をしないのならば，子どもは自分自身から取り組むには過大な発達上の課題を抱えることになるのです。

　実際，精神分析的な観点から言えば，子どもがよりよくコミュニケーションがとれるようになるのを待った上で，行動に制限を設けるというのは，本末転倒と考えます。子どものコミュニケーションの発達を促進するのは，ほかならぬ制限を設定する時であるという例はたくさんあります。

　別の角度からこのことを考えてみます。フランスの精神分析家グラシエラ・クレスパン（Graciela Crespin）は，自閉症を持った幼い子どもの親になるためには，**親の方が**，自分の子どもに関する心の理論を持っていることが必要不可欠だ，と指摘しています（Acquarone 2007）。つまり，子どもの心の中にはどんなに損なわれていようとも理解したり関わったりする能力がある，という考えを持ち続けることができなければならない，ということです。期待が全くなければ，子どもが少しでも上昇する希望もなくなるのです。

第7章
遊びと話すこと

遊ぶこと

　遊びは子どもの仕事であり，大事なことが起こっていないときに単に時間を過ごすだけの手段ではありません。遊びは本質的に楽しいものであり，広い意味で，学ぶための貴重な手段なのです。特別なニーズを持つ子どもも，遊びの体験においては，他の子どもと全く異なるところはありませんが，遊びの種類の範囲は少ないかもしれません。また，遊びが発展するのにより長く時間がかかったり，その子にとってどんな遊びが可能で楽しいものかが分かるのに，通常以上に根気を要するかもしれません。
　子どもが障がいを抱えているとき，遊びが発達的に重要であることが時として見過ごされることがあります。障がいを持つ子どもは，治療を受けたり，検査や介入を受けなければならないことがあります。それらはすべて，子どもの幸せな生活にとって必要なものかもしれません。しかし，熟練した教師と同じく熟練した臨床家は，自分たちの仕事に遊びの要素を組み入れているものです。たとえば，それは，ユーモアだったり，気晴らしするゆとりであったり，「専門家」ぶって関わるのではなく，その子どものレベルにあわせて関わる能力であったりします。心地よい人間的接触が十分にない中で，がんばりすぎることは，子どもにとっても，大人にとっ

ても逆効果になることがあります。

　発達心理学者たちは，子どもの発達にとって，楽しみや喜びが重要であることを強調しています（Acquarone 2007）。親は，心地よい遊びが大切だという確信を持っている必要があります。それに加えて，子どもに情緒的に応答でき，子どもとの関係の中で遊びの余地を作り出すことも必要です。それは，必ずしも遊びのための時間をとっておく，という意味ではありません。遊びは普通の生活の中でしばしば自然に発生します。おむつ替えは自然にいないいないばぁにつながることがあります。入浴時間は子どもから喃語を引き出すことがあり，それが声の掛け合いや，お風呂場に響き渡る声そのものを純粋に楽しむということにつながって行くかもしれません。

　さまざまな理由で，特別なニーズを持つ子どもの親は，遊びを教育に役立てようとすることを避けるのが難しいかもしれません。時には，すべてが役に立たなければならないと感じてしまいます。それには罪悪感が関係していることがあります。逆説的なのですが，最も教育的になるように意図されないとき，つまり最も自然で楽しいときに，遊びは最も教育的なものになるようです。ジャズ音楽と同じで，遊びは台本のある活動ではないのです。子どもたちは，遊びの場所がわざわざ用意されているとか，カラフルなおもちゃを使った課題が与えられているときには，すぐにその意図に気づきます。

　遊びには多くの形態があるものです。自分の子どもにふさわしい遊びのレベルを分かっておくことは重要です。

　　ウィリアムは，身体障がいと学習障がいを持つ3歳の男の子です。プレイルームの中で，彼の視線は赤ちゃん用のおもちゃに釘付けになります。そのおもちゃは，てっぺんのボタンを押すと，透明な円錐の中にいる小さな動物たちが回る仕組みになっています。母親は，そのおもちゃを見て彼が関心を持ち，喜んでいることに気がつきました。母親はボタンを押して，ウィリアムと動物たちがまわるのを見つめま

第7章　遊びと話すこと　77

す。動物たちが止まると，母親は待ちます。一瞬の後，ウィリアムの顔の表情がかすかに動きました。その変化を母親は，もう一度ボタンを押してほしいというリクエストと解し，もう一度ボタンを押します。動物たちが止まると，母親はまた待ちます。今度は，母親にもう一度ボタンを押してほしいという合図を送るためにウィリアムは足を揺らします。母親がそうすると，ウィリアムは母親にほほえみかけ，母親も喜びます。はじめから終わりまで，母親はそのプロセスの実況解説をしながら，ウィリアムの出す小さな合図に反応します。これと同じくらい重要なのは，母親がウィリアムからの合図が出るまで余裕を持って待っていることです。そうすることで，動物たちを再び動かすごとに，ウィリアムが重要な役割を果たすようになりました。遊びは彼らを結びつけます。これを数回繰り返した後，ウィリアムは愛想のよい，会話のような性質を持った小さな声を出し始めます。興味を失い始めると，そのおもちゃから視線を外すことによってそのことを示します。母親はそれに敏感に反応して，それ以上ウィリアムに要求することなく待つのです。

　ウィリアムの母親は，その瞬間に彼の注意をとらえているものに注目する準備ができていて，実際そうすることができる人でした。これは遊びのよい出発点となります。サラの母親もまた，そうすることができました。

　　2歳のサラは，自閉症スペクトラム障がいを持つ女の子です。彼女は赤ちゃん人形を手に取ります。母親は喜び，その女の子の赤ちゃんを「抱っこして，ミルクをあげてやって」と言います。サラは人形の目が閉じるように，後ろに倒します。そして人形の目の中に指を入れます。それから再び目が開くように人形の体を起こして座らせます。サラは人形のことを「赤ちゃん」に見立てているようには見えません

でしたが，目が開きそれから閉じるということについて気になるところがあり，心の中で整理していました。サラの母親は，がっかりした気持ちと格闘します。彼女は，サラが人形に興味を持ったように見えたとき，とてもわくわくしていましたが，実際にはただ目に興味があっただけでした。母親はサラの見方に合わせて，開いたり閉じたりする目について，サラに話しかけます。あなたの目も開いたり閉じたりするわね，と。サラは人形を手に取り，母親の膝の上に置きます。

第2章で触れましたが，双子のうちのひとりが，のちに自閉性スペクトラム障がいの診断を受けることになった家庭のビデオ映像を研究している研究者たちがいます。そのビデオを詳細に分析することによって，親が遊びに誘ったときの，双子それぞれの反応の仕方にかすかな違いがあることがわかりました（Acquarone 2007）。予想されたとおり，のちに自閉症スペクトラム障がいの診断を受けた赤ちゃんと親とは，もうひとりの赤ちゃんと親との組み合わせに比べて，動作にも調子にも同 調（アチューンメント）があまり見られませんでした。親の方でとりわけ意識して考えたことはありませんでしたが，問題を抱えた方の赤ちゃんと関わり合うときに，自分の遊び心を自動的に調節していたのです。これは部分的には，その赤ちゃんが許容して楽しめることに対して，自分たち親の感覚を合わせようとする無意識的な反応であると言えます。しかし，そのような親の反応によって，問題を抱えた子どもが，遊びを通してうまく親とやりとりすることが，双子のもう一方の子ほどは多くないという状況がもたらされていました。こうした子どもは，発達に必要な遊びの機会を二重の意味で失ってしまうのです（Acquarone 2007）。

コミュニケーションすることと話すこと

コミュニケーションと言語と発話行為は，それらがみな同じものである

かのように語られがちです。しかし実際のところ，コミュニケーションのための発話は，子どもが話すことが可能になるずっと前から始まっている発達のプロセスの結果なのです。親は自分の子どもが話し始めるのを待ち望み，初めて話した言葉を，しばしば誇らしさや愛情をもって記憶しています。2語文や3語文が，文章にとって代わられはじめると，子どもがついに社会の中で居場所を見出したかのように感じられます。言語は個々人の私的な体験の間に橋を架け，それらを共有できるようにします。一緒にいなかったときでも，何が起こったのかを子どもが知らせてくれるだろうと感じられると親は安心できるものです。

　言葉が発達するのを長く待つことは，気が滅入ることかもしれません。言葉の発達遅滞を持つ子どもの親は，言葉がいずれ出てくるとは信じられなくなり，その子の非言語的コミュニケーションを高く評価することがなかなかできないでしょう。しかしながら，結局のところ，非言語的コミュニケーションが，のちの発話の基礎となるのです。

　　　ある母親は，子どもがコミュニケーションできるようになるのをどれほど待ち望んでいるのかについて話をしてくれました。しかしそれだけでなく，出生時に受けた脳の損傷のため，その子が話せるようにはならないのではないか，と恐れてもいると話してくれました。母親が話している間に，生後12カ月の息子は，彼女の座っている椅子の下に転がったおもちゃの車を取ろうと手を伸ばし，うめき声をあげて不満を訴えました。彼は母親のスカートの裾を強く引っぱって，不機嫌そうに顔をしかめました。
　　「でもジェイクは今コミュニケーションしているよ」と父親は言いました。「どうしたんだ，ジェイク，車に手が届かないのかい？」

　このように非言語的コミュニケーションがうまくいっている例は，当た

り前のことのように思われますが，定型発達における発話の基盤を形成するものです。特別なニーズを持つ子どもの例においては，非言語的コミュニケーションが成り立っているからといって，発話が発達するとは保証できませんが，意味のある発話は非言語的コミュニケーションがなければ発達していかないことは明らかです。

　第1章で論じたように，発話が始まるずっと前から，親と子の間ではコミュニケーションのための無数のやりとりが起こっています。それらは親子間の本質的に情緒的な関係に根ざしたものです。このような非言語的な「原会話」の研究者たちによれば，健常な乳児では，生後数時間や数日で，そういったやりとりが起きているそうです。ある研究者は，こういった母子の原会話に，タイミングの共有や音楽的な表現の持つ親密さがあることを強調しています（Trevarthen 2002）。別の研究者のジェローム・ブルーナーは，いないいないばぁのような遊びが赤ちゃんに考える技術，特に規則を理解することに関した技術を発達させ，それがその後に言語の使用にも応用される，と示唆しています（Brunner & Sherwood 1975）。

　このような非言語的なやりとりの段階を通過することがなければ，たとえ語彙は増えたとしても，言葉は本当の意味でコミュニケーションのためのものにはならないでしょう。したがって，このような言葉以前のやりとりの重要性を過小評価しないことや，普通よりも言葉が出るのが遅いときでも，失望しないことが重要です。

　幼児にとっては，マカトン法やPECS（the Picture Exchange Communication System：絵カード交換式コミュニケーション・システム）の使用などのサイン言語が，子どもと大人の間での，双方向のコミュニケーション的なやりとりを獲得する手段として，役立つことがあります。それらによって，子どもは，言語は役に立つものだ，という感触を得やすくなります。こういった方法を紹介されると，親の方では，治療者が子どもが話すことをあきらめてしまったのではないか，と不安になります。しかし，

第7章 遊びと話すこと

　実際はそうではありません。それらの道具は，発話につながっていくコミュニケーションを促進することができるのです。悲しいことに，特別なニーズを持つ子どもの中には，たとえコミュニケーションをしたいという気持ちがあっても，言葉を使って自分の気持ちを表現することがどうしてもできない子どももいます。このようなケースでは，言語療法士[訳注1]が役に立つこともあります。言語療法士は，コミュニケーションを行う能力はあっても，言葉を話す身体的機能が損なわれている子どもの「補助的コミュニケーション」の専門家なのです。より年長の子どもであれば，自分の言いたいことをわかってもらうために，自分の声を使って話すことができなくても，コンピューターのソフトウェアを使って話すことができるかもしれません。

　言葉だけでなく，コミュニケーションも欠けている場合は，問題がより大きいと言えるでしょう。これは多くの自閉症の子どもに見られる状況で，彼らはコミュニケーションへの興味を生まれつき欠いているように見えます。このような場合には，わずかではあっても子どもとやりとりすることのできる方法を見つけることが役に立ちます。サラの母親がしたように，その子が興味を向けていることについていくことが，手始めとしてはよい方法です。音楽療法は，人とコミュニケーションを通してつながる可能性があることに，関心がなかったり気づいていなかったりするように見える子どもたちと接触する，もうひとつの手段です。音楽療法は多くの点で，言葉以前のコミュニケーションに基づいて行われます。アメリカの精神分析家であるスティーブン・ノブラウチ（Steven Knoblauch）は，もともとはジャズのミュージシャンで，大人の患者の治療に関する独創的な本を書きました。彼は，大人の間で複雑な言語のやりとりが起こっているときでさえ，コミュニケーションの非言語的側面が情緒的コミュニケーションの仲介役として重要な貢献をしている，と述べています（Knoblauch

---

[訳注1] 日本では，言語聴覚士にあたる専門家。

2000)。言葉がない状態から言葉によるコミュニケーションに至る旅は，子どもによって，さまざまな速度で進みます。

　私がはじめてコリンに会ったとき，彼は 2 歳で，言葉が出ておらず，自閉症スペクトラム障がいの診断を受けていました。彼の母親は，彼が話せるようにならない限り，あるいは話せるようになるまでは，彼の世話を他の誰かに任せることはまずできないと思う，と話しました。それに，コリンの方でも，自分のもとを離れようとはしないだろう，と思っていました。彼女は，コリンの心理的成長が相当見られた 3 年半後に，短いながらも，これまで行ってみたかった海外旅行に友人たちと一緒に出かけ，コリンを父親や娘と一緒に家に残すことにしました。彼女が外国から電話をかけたとき，コリンは彼女に質問をし，明らかに考え深い様子で彼女の返事に聞き入りました。彼女はコリンの進歩をものすごく誇りに思い，彼の実際の年齢と言語能力とのギャップを気に病むことはありませんでした。

　現在のコリンの状態を知っている立場から，コリンの母親は，コリンが将来話せないままだろうと心配する必要はなかったのだ，と言うのは簡単です。しかし，実際は将来どうなるかわからないまま，母親は，コリンが話さなかった何カ月，何年もの間，コリンの新たなコミュニケーション技術が現れてきた時にはいつでも手助けできるように十分な希望を維持し続けなければならなかったのでした。コリンの母親は，難しい心理的な課題を遂行しなければなりませんでした。それは，精神分析家のジョーン・ラファエル - レフがうまく表現しているように，「期待しすぎないこと，そして期待することをやめないこと」（2005 年 7 月，ロンドンにおける PREAUT 会議にて）という課題なのです。

第8章
親，夫婦，そして家族

家　族

　家族は，その構成員である個人の総和以上のものです。特別なニーズを持つ幼い子どもがいる家族では，その子どもと関わりのある家族生活の要素と，その他の家族生活の要素とを解きほぐして分けることが不可能です。家族生活のその他の要素としては，親の個人史や信念，夫婦関係，子どもの生まれた順番，家族の構成員の個々のパーソナリティなどが挙げられます。

　家族というものが，その構成員の総和以上のものであるとしても，家族ひとりひとりのことを知り，それぞれが自分の経験について語るのを聞くことは可能です。そうしていると，特別なニーズを持つ子どもの家族の物語の中に，いくつかのテーマが浮かび上がってきます。

　特別なニーズを持つ子どもだけを取り出して，あたかもその子どもがある文化や家族に属しておらず，誰かの子ども，孫，あるいは甥や姪でないかのようにして，理解したり，考えたりすることはできません。ある子どもが，特別なニーズを持って生まれ，あるいはそう診断される時，家族のメンバーの心の旅が始まります。健康な家族では，この旅は家族全員を巻き込むことになります。そのような旅が始まらない場合に，問題が起こっ

てきます。つまり家族の中のある者は前向きに進んでいき，残りの者は取り残されるということが起こるのです。

　もちろん，特別なニーズを持つ子どもがいる人生において起こる，予想できない困難に対してどのように対処していくのかは，それぞれの親によって大きく異なります。この新しい状況には，それぞれの親の個人史が持ち込まれますし，その時点での親の性質，個々の親の弱さも持ち込まれます。スポーツ好きな父親であれば，息子が身体的に重度な障がいを持っていることがわかると，よけいに打ちひしがれた気持ちになるかもしれません。逆に，そのような父親なら，息子から，戸外で体を動かすことを楽しむ力を十二分に引き出すのがうまいかもしれません。

　また，私たちのいる多文化的な社会においては，文化的な要素も重要な役割を担っていると認識されつつあります。たとえばある文化では，結婚することのできない娘を持つといった，どこにでもありうる悲しみに，それ以上の意味が付け加わることもあります。文化によっては，障がいは「神からの贈り物」として捉えられます。そして，そういった見方が，子どもと接する日々の生活に，さまざまな形で影響を及ぼすことでしょう。私自身の経験では，それぞれの家族を一般的な図式に当てはめて考えるよりも，その家族にとって重荷となっているのはどんな問題なのかを聞きとる努力を惜しまないことの方が役に立つと思われます。

親や夫婦にかかるストレス

　父親は，子育てにおいて母親をサポートする中心的役割を担っています。また，赤ちゃんに対しては，母親とは別の関係を提供する中心的役割を担っています。乳児の観察からわかっていることは，乳児は非常に早くから，父親と母親の体や声，それに関わり方が本質的に違っていることに気づいている，ということです。このように父親と母親で本質的な違いがあるた

め，赤ちゃんは，情緒的・認知的な発達を促す豊かな経験を得ることができます。けれども，母親と父親の違いがあまりにも大きいと，両親だけでなく，子どもにも問題が引き起こされることがあります。

　普通の家族よりも，特別なニーズを持つ子どものいる家族の方が，夫婦関係が破綻することが増えますが，それには多くの理由があると思われます。ショック，情緒的負担，心身の疲弊といったものは，家族の背負う経済的負担と並んで，結婚が破綻する要因となっています。とくに就学前の子どもの場合，病院やセラピーに通うには，子どもを連れて行く人手が必要となり，子どものことに従事することと仕事との折り合いをつけることは，家族の中でストレスの度合いを高めることが多いのです。

　子どもの問題の原因や将来についての心配は，誰もが持つけれども，しばしば口に出されませんが，家族生活に心理的な面で強い影響を与えることがあります。

　　　モハメッドの両親の夫婦関係は，非常に強いストレスに曝されていました。というのも，モハメッドが生まれて数カ月すると，発達上の問題があり，今後もサポートが必要であることがわかったからです。父親は，自分の親から，妻と別れて他の人と結婚し，新しい生活を始めるようにプレッシャーをかけられていました。父親の親は，医学的な根拠がないにもかかわらず，モハメッドの持つ障がいは母親のせいだと強く思っていました。モハメッドの父親と母親には強い絆がありました。そのため，彼らは，父親の方の家族の援助が得られなくなったけれども，このプレッシャーに対処することができました。

モハメッドの両親のように，夫婦がオープンにこういった心配事を共有することができると，家族生活に悪影響が及ぶことが少なくなります。

　特別なニーズを持つ子どもがいることで，子育ての負担が重くなり，両

親が別々の役割をとるようになることは，よくあることです。情緒的な面でも，実際的な面でも，その労働の分担が有効に働くことがある一方で，その役割があまりにはっきりと決められていると，問題を引き起こすこともあります。

　　第一子のローレンスが生まれるまでは，リンダとジェームスはふたりとも，ビジネスの世界で働いていました。ローレンスは，発達全般に強く影響があるような遺伝的な問題を持って生まれました。そして，生後早くから，外来治療に何度も行かなければなりませんでした。リンダは産休期間を終えても，仕事に復帰することができませんでした。リンダの生活は，通院のくり返しとなりました。リンダはまた，出産後の母親のためのグループに入っていくことができませんでした。というのも，息子の身体の様子や発達の遅れを，他の子どもと比べてしまうのがとても苦痛だったからです。ローレンスの問題に対する母親友達からの憐れみや共感，それに無関心に対してとうてい耐えられない，と彼女は言っていました。夫のジェームスはこれまでと同じように，仕事から帰るのが遅く，時にはそれまでよりも遅く帰ることもありました。リンダは，自分がすべての診察について行かなければならないことだけでなく，診察の後には，そこで示されたアドバイスを，疲れて帰ってきたジェームスに説明しなければならないことに不満を漏らしました。彼女は，息子のケアに関する重荷と責任を，一人で背負っているように感じました。さらに，自分が仕事で得られていた有能感を今は感じることができず，寂しく感じていました。週末になると，リンダは息子をジェームスに受け渡して，外出しました。ジェームスは息子と遊んで過ごすのを喜びましたが，処方された理学療法的訓練を息子とするように，リンダからプレッシャーをかけられることには抵抗を感じました。週末はリラックスする時だし，どうしたって

リンダの方が理学療法的な訓練は得意なはずなのに、とジェームスは言いました。3人が時間をともに過ごすのはまれなことになっていました。

このような事態が生じるのは、容易に想像がつきます。そういった分担は、家族によっては当分の間はうまくいくかもしれませんが、別の家族ではうまくいきません。なぜなら、問題となるのは、分担そのものではなく、それをする心構えの問題だからです。リンダは孤独と恨みを感じていました。ジェームスは長時間の労働に疲れていました。その上、リンダからも責められ、罪悪感を感じていました。ジェームスにとって家庭は、憩いの場ではなくなっていました。こういった感情に対して注意が払われないでいると、夫婦は実際にも、あるいは気持ちの上でも別れの危機にさらされます。

ときにそういった分担が、夫婦間の隔たりの原因ではなく、もともとあった隔たりの現れであることがあります。無意識のうちに、夫婦は一緒に過ごさないような理由を見つけているのかもしれません。家族を維持させるために、一緒にいないようにすることが必要となっていることがあるのです。こういった理由と、特別なニーズを持つ子どもをもうけてしまったという感情とが深いところで結びついていることもあります。怒って、八つ当たりしたい衝動に駆られますが、そのことから感じる羞恥心や罪悪感が、夫婦の間でのやりとりをオーバーヒートさせる恐れがあります。子どもを生みだす結合について根深い恐怖があり、その恐怖は、夫婦のそれぞれが別々に行動したり、気持ちの上で距離をとったりすることで、避けられることがあります。セックスを避けることは、パートナーとの親密さに問題が生まれたときの解決策の一つになるのかもしれませんが、高い代償を支払うことになるかもしれません。このように、深い不安に対処するために距離をとるというやり方は、しばらくの間は有効に機能するでしょう。

けれども，そのやり方が生き方になってしまうと，夫婦という関係が長く続いていく確かな土台が崩されていきます。

片親家族

特別なニーズを持つ子どものいる家族では，夫婦関係が破綻したり，離婚に至る割合が高いのですが，その結果，親のうちの一人が子どもの世話のほとんどの責任を負うことになることが多いのは当然のなりゆきです。そして，責任の担い手はたいてい母親です。私の経験では，このような母親は，何年か経っても再婚せずに，ほぼ一人きりで子どもの世話に奮闘していることがほとんどです。というのも，特別なニーズを持つ子どもの場合，成長してきても，だんだんと身体的に自立へと向かう平均的なプロセスをたどるとは限らないからです。

そういった親の多くは十分献身的にやってはいても，仕事や不安，それに物事を決定することを分かち合うパートナーがいない場合，背負っている負担によって，疲れ果て，孤独とならざるをえません。

「特別なニーズを持つ家族」

親であれば誰でも，自分の子どもの発達と他の子どもの発達とを対照させ，比べてしまうものでしょう。そこに障がいということが含まれていない場合でも，比較してしまうものです。子どもが特別なニーズを持っている場合，平均的に発達していっている子どもとの比較は，いっそう強いものとなるでしょう。

多くの家族は，社会的な場からひきこもったり，そこへ行かなくなったりすることで，この状況に対応します。母親だと，自分の子どもをプレイグループへ連れて行き，何度も「お子さんは，おいくつですか？」と人か

ら尋ねられて答えてばかりいるのはいやだと思うでしょう。そして，公園やレストランといった公共の場に子どもを連れて行きたくないと思うようになります。

　　ある親が冗談めかして言っていたことです。彼女はこんなふうによく考えたそうです。自分の子どもの障がいの説明を印刷したカードを作っておいて，公園や子どもの遊び場で，他の人が自分たちをじっと見て，そのあと目をそらしたときに，そのカードを配ることができたらよいのに，と。

ときに，特別なニーズを持つ子どもの親は，他の人たちが自分の子どもに対する自らの反応に直面して当惑しないようにしてやる義務があると感じることもあります。普通の子どもを持った友人や同僚が，できることなら自分たちに会いたくないと思っているようだと気づいた，と話してくれる親もいます。こうした反応は，友人たちがなんと言ってよいかわからなくて，ぎこちなくなることに対して，気の毒だと感じるために起こる反応でしょう。こうしたことは理解できることではありますが，このような状況は，特別なニーズを持つ子どものいる家族を孤立に追い込んでいくものとなるかもしれません。

　職場の要求との間でジレンマに陥る，と報告してくれる親もいます。診察などに行くために休みを取ることは必要ですが，子どもの問題を理由に，特別扱いを求めたり，仕事をサボろうとしているとは，思われたくありません。子どもの問題を理由に「得をしよう」なんて思ってもいないのです。そういった誤解をされたくないという感情があるために，自分の置かれている状況について，親が黙り込んでしまう事態も生じてきます。そうなると，今度は孤立感が増し，同僚とも接触が持てなくなるようにもなりかねません。

特別なニーズを持つ子どもの親が言おうとしていることは，自分たちの家族が他の多くの家族とは違っているとはわかっているけれども，自分たちの子どもの特別なニーズによって規定されたくはないということのように思われます。彼らは子どもが通常よりも多く配慮が必要となることは認め，対処していく必要があると認識している一方で，自分たち家族のことを，「特別なニーズを持つ家族」としては見たくないし，他人からもそのように見られたくはないのです。

第9章
きょうだい

親の心配

　家族に特別なニーズを持つ子どもがいることで，ほかの子どもたちへ影響があるのではないか，と親が気にかけている場合，次のことをじっくりと一緒に考えることが役に立つと思います。一つは，他のきょうだいにとって，特別なニーズを持つ子が家族にいることが，どのくらい問題となっていて助けが必要なのか。もう一つは，その気懸りのうちのどのくらいが，親自身の不安から生じているのか，です。もちろん，これら二つの状況は併存し，影響しあうものです。中には，特別なニーズを持つ子どもを家族に押しつけてしまったと思い，障がいを持たないきょうだいに対して，自分たちの「してしまった」ことについて心配する親もいます。今はそうでなくとも将来には，きょうだいたちがそのことで自分たちを責めるのではないか，と想像するのでしょう。親は，自分自身を責めたり，あるいはお互いに責め合うことをやめるのが難しいため，そのような不安を感じやすいのかもしれません。

　こういった状況では，将来という考えは，強力な作用を持っています。自分の子どもが大人になっても，自立した生活が送れる見込みが少ないと，親は，将来を気にせず今現在の生活を楽しむという心の余裕を持てない場

合があります。子どもたちの将来という問題は，ほかのきょうだいたちとも関連してさまざまに考えられ，感じられています。自分たちが死んだ後，そのころには成人している特別なニーズを持つ「子ども」の面倒をみる仕事を，引き受けてくれるだろうほかのきょうだいがいることで安堵する場合もあれば，その仕事がどれほど大変かを知りながら，きょうだいたちに引き渡すことに，後悔と罪悪感とが強まる場合もあります。

　親は，重荷に押し潰される感じがしている中，家族のほかの子どもが次にその役目を負うことを考えると，さらに押し潰されるように感じることでしょう。

　　アレクサンドラの家族は，数々の医学的検査を経て，ようやく子どもの障がいの診断が下ったあと，長い間悲しみに暮れていましたが，そこから立ち直りました。アレクサンドラの母親のスーは言いました。「よい人たちにたくさん出会ったように思います。もしアレクサンドラが特別なニーズを持って生まれてこなかったら，そういうよい人たちには出会えなかったでしょう。アレクサンドラの姉のエイミーには，妹のことを重荷と感じるのではなく，長い目でみて妹と一緒に過ごすなかから，よい経験を得てほしいと思います。たぶん，エイミーは大人になると，医者になると思います。」

　スー自身は，いくらか平穏な気持ちになってきていました。そのため，エイミーについても，アレクサンドラの障がいから感じさせられる，世話することの重荷から解き放たれることができるだろう，と考えることができました。エイミーは医者になるだろう，というスーの考えは，エイミーにアレクサンドラを援助し世話をする役目を負ってほしいという願望がまだあることの表れだったのでしょう。

　きょうだいが特別なニーズを持っていることに，他のきょうだいたちは

何歳になったら気がつくのか、そして、そのことを話し合うのはいつどのようにしたらよいのか、と親に質問されることがあります。こうした疑問に対する答えを親自身で見つけられないのは、他の子どもたちが家族の実情をわかっていないと親が想像していることに対応しているように思います。親が、疑問が持ちあがったときに、可能な限り正直に答えられるだけの内的な力が自分たちにはある、と感じているときには、そうすることが役に立ちます。疑問への答えの中には、必要なときには、「私にはわからない」と言えることも含まれます。

特別なニーズを持つ子どもをきょうだいがどのようにみているか

実際には、とても幼い子どもであっても、自分のきょうだいが特別なニーズを持っていることに気づかないことは少ないと思われます。その気づきには、親と同じような理解の幅と情緒的な色づけがなされてはいないとしてもです。どの子がなにをわかっているのかを整理することは、役に立ちます。とはいえ、きょうだいは、非常に早くから、そして親が特別なニーズを持つ子どもに対応している様子を見てくるなかで、特別なニーズを持つきょうだいについての自分なりの考えを作り上げているのです。

愛と思いやり

とても幼い子どもであっても、自分のきょうだいに対して心からの共感や愛、そして思いやりを持つものです。その子が、自分の限界や弱さについて感じている場合には、なおさらそれらの感情が顕著に見られることがあります。特別なニーズを持つ子どもの後に生まれたきょうだいであれば、ある意味でそうした状況を当然のものと感じるでしょう。すべてが、すでに決まっていることとなります。しかし、健常な子どもの後に、特別なニ

ーズを持つきょうだいが生まれたときには，話が違ってきます。年上の子どもは，当然のことながら，「お兄ちゃん」あるいは「お姉ちゃん」の立場から，新しく生まれた子を見ることになります。そうした視点から，発達の遅いきょうだいを友達のきょうだいと比べて，心から心配し思いやるようになるでしょう。さらに，親についても心配するでしょう。親の気分や，親にどのくらいエネルギーが残っているのかについて，子どもたちはまちがいなく敏感なのです。

ライバル心と憎しみ

こういった思いやりの感情とともに，気持ちのよくない感情も存在します。

> 5歳のサリーは学校で洪水について習ってきました。先生に，洪水についての物語を書いてくるように言われて彼女が書いたのは，もし自分が住んでいるところに洪水が起きたら，弟は逃げ延びることができないだろう，なぜなら，弟は歩くことができないから，というものでした。

洪水のテーマを与えられて，サリーの心に弟のことが真っ先に浮かびました。そこには，弟とその障がいに対する複雑な感情があったのでしょう。サリーが，洪水という危険な状況に弟が置かれることを想像して，懸念と心配を感じていたのは間違いありません。同時に，はからずも弟が洪水で死んでしまうことも想像することができたのです！　このようなきょうだいに対する愛情と入り交じった憎しみは，健常な発達の一部であり，特別なニーズを持つきょうだいがいる子どもに特有のものではありません。けれども，きょうだいが特別なニーズを持つ場合には，いっそうその感情が

強くなることがあります。すでに不利で弱い立場にあるとわかっている人に対して，自分が恨みの感情を持っていることを，人はどれほど認めることができるものでしょうか？　けれども，特別なニーズを持つ子どもは弱い立場にいるため，親はその世話に多くの時間とスペースを割きますが，きょうだいからすればそれは不公平に思えるのです。

　親がこうした問題について考えるとき，しばしば自分たちの心の中でも同じような問題があって，それと格闘することになります。もし，親が自分自身のもつ憎しみや恨みの気持ちに持ちこたえることができると，子どもたちがそういった気持ちに何とか折り合いをつけることを手助けするのに有利な立場に立っていることになります。

　　キャサリンは明らかにほっとしたという様子で話してくれました。「健常な娘のリアンは，私や夫には，『小さな悪魔』のように振る舞うけれども，特別なニーズを持つ妹に対しては，いつも親切にしています。ときどき，『わざとではなく』乱暴であることはあるけれど，いつも妹のことを案じて，気にかけてます。」その数週間後のことですが，キャサリンから聞いたところによると，リアンに，もう前のような様子が見られなくなったそうです。そして，リアンはわざわざ反抗的に，妹を「墓に埋める」ことについて話したのだそうです。この発言は，親にとってはとても辛くて耐え難いものでした。というのも，特別なニーズを持つ妹はこれまでに，一度ならずも死にそうになったことがあったからです。

　　キャサリンと夫は，リアンが家で爆発したことについて話し合いました。夫婦は，ショックで傷ついていたのですが，それを呑み込んだうえで，リアンが言ったことに厳しく対応することは役に立たないだろうという理解に達することができました。夫婦は，リアンが「大人になって妹の障がいの殉教者」となってほしくはなかったのです。

いつもよい子であれ、というプレッシャーは、よいことにも幸せにもつながることはありません。リアンが妹に対して憎しみをもつことを助長しないようにしながらも、キャサリンと夫は、リアンが激怒し恨む気持ちを尊重することができました。リアンの方では、過度に罪悪感を感じることなく、そういった気持ちを表現することができました。両親はそうすることで、リアンの悪い感情がエスカレートしていくことを恐れたのですが、実際にはそうなりませんでした。憎しみを表現することができたことで、リアンは解放されて、いっそう妹を愛しく思うようになったのです。

模倣と過剰な埋め合わせ

こう報告する親御さんがいます。彼らにとって頭に来ることに、自分たちの健常な子どもが、特別なニーズを持つ子どものまねをするというのです。たとえば、歩くことができない「ふり」をしたり、はっきりと発音することができない「ふり」をしたりするというものです。こういった、情緒的負担となる事態は、親をひどく困惑させることであると同時に、いらいらさせることでもあることは理解できます。

　ある母親は、こういった行為がいかに腹立たしいものであり、その子に向かって「もういい加減にしてちょうだい。特別なニーズを持っている子どもが一人でももうたくさんなのに！」と怒鳴りつけてやりたくなる、と率直に話してくれました。その母親は、息子のそういった行為についてさらに考えることができました。そこで彼女がわかったことは、息子には母親からの助けがまだまだ必要であって、自分がまだ準備ができていないのに、一人で何とかすることを親に期待されている不安がそこに表現されているのではないか、ということでし

た。母親は，息子が特別なニーズを持つ弟のまねをすることのなかには，かすかに憎しみが含まれていると感じ，その感情を認めることができました。さらに，健常な息子に非難されているという強い感情は，実際に母親である自分に向けられた攻撃的な気持ちの現れであり，手のかかる弟を生んだ自分に対して向けられているのかもしれないと思われました。一度，息子の立場に立ってその状況を見てみると，息子の行為を恨めしく感じることが少なくなり，母親はその行為に冷静にアプローチできるようになりました。

　親やきょうだいに向けて，苦しさや憎しみの感情を表出するゆとりが家族の中に残されていない場合，子どもは，いわば親の立場に立って，母親的に，あるいは父親的に世話をする役目を買って出ることで，過剰に埋め合わせをしようとすることがあります。特別なニーズを持つきょうだいは，いつでも「赤ちゃん」として語られ，無力な乳児の役割を投げかけられることになります。その一方で，上の子どもは自分のことを，なんでもできる者としてみるようになります。
　きょうだいが，こういった役割をとる背景には，ある不安が潜んでいるのでしょう。その不安とは，特別なニーズを持った子どもたちには発達していく能力がないのではないか，という不安であり，父親も母親も，特別なニーズを持った子どもがいることで増える負担を，本当のところは取り扱えないのではないか，という不安です。そういった過剰な埋め合わせは，対処法として深く定着し，支配的なものとなるとしても，長期的には重荷として強く感じられるようになることでしょう。

発達段階による違い

　特別なニーズを持つ子どもへの他のきょうだいの感情と反応は，当然の

ことながら，その子のパーソナリティと関係しますし，それだけでなく発達段階とも関係します。6歳の子なら，自分がよい子であると親に示すことに非常に気を遣いますが，十代の反抗期の子どもなら，もっとネガティヴな感情へと向かっていくでしょう。

14歳のジョニは，自閉症をもつ弟と一緒に家族会に連れて来られました。彼女は席を勧められても断り，不満げにドアのところで立ち続け，退屈で興味なさそうな様子で過ごしました。弟の問題に話がおよんでも，彼女が発言することはありませんでした。しかし，最終的に彼女は，弟と一緒にどこかへ出かけることが，「すごくうっとうしい」と感じると話しました。というのも，弟は他の人の上に乗って，そこに誰もいないかのようにして乗り越えていくし，誰もが弟のことを「おかしい奴」と考えるだろうから，ということでした。そのときのジョニの感情的な爆発は，そこにいた両親に罪悪感を感じさせました。しかし両親は彼女に対して怒りを感じるとともに，心配にもなりました。そのセッションの後半になったとき，弟はジョニの膝に乗っかって，そこで落ち着いて座りました。ジョニは，やさしく弟に話しかけ，ふたりの間で愛情が交わされている様子は，見ていて感動させられるものでした。

特別なニーズを持つ子どもが，健常なきょうだいに向ける感情

特別なニーズを持つ子どもの方でも，きょうだいに対してポジティヴな感情やネガティヴな感情を感じたりしますし，そういった感情が育つ能力を持っていると考えてよいでしょう。

4歳のマーティンは，学習障がいと自閉症の特徴を持っています。

マーティンは，8歳の兄のハワードが絵を描き始めようとしたときに，全く注意を向けていないようにみえました。ところが，ハワードが絵を描き始めてしばらくたつと，そちらに近づいていって，横目でじっと紙を見ていました。すると，止める間もなく，マーティンはハワードの絵に水入れの水をこぼして，にこにこしながら逃げ去りました。両親はハワードを慰め，ハワードに，マーティンはわかっていないの，だからわざとやったわけではないのよ，と言いました。そう言われて，ハワードは複雑な心境に置かれました。マーティンは自分よりもずっと恵まれていないので，自分は怒るべきでない，そもそも怒る権利すらないと言われたようにハワードは感じました。そこにいたソーシャルワーカーから見ると，マーティンの行為はわざとであり，それは健常な子どもの持つライバル心の表現として受け取ることができることは明らかでした。

　これまで内的にひきこもっていた子どもが，そのような行動をすることは，発達してきているしるしと言えるでしょう。なぜなら，そこには周りの人びとと情緒的に生き生きと関わる力が現れてきていることが見受けられるからです。だからといって，そういう行為を大目に見たり，受け入れたりするべきだと言っているのではありません。けれどもそういう状況ではどのような感情が伝えられてきていて，その感情をどのように尊重したらいいのかと，親がもう少し考えてみることがとても大切だと思われます。

　　ティムの両親は，ティムが注目されたくて，健常な弟と張り合い始めたのを見て喜び，ほっとしました。5歳を過ぎるまでティムにそういった様子が見られなかったので，両親は私に「待ってた甲斐はあった」とはっきり言いました。

こういった感情や行動は，特別なニーズを持つ子どもの場合，幼いときにははっきりとは現れません。けれども，時とともにだんだんと見られるようになります。きょうだい同士の年齢が近いと，そこに現れてくる感情はいっそう強烈になるでしょう。特に，双子で一方に特別なニーズがあり，もう片方にはない場合，家族の中での感情のぶつかりあいが激しくなる場合があります。

　　レオニーとキャリーは双子で，早産で生まれました。キャリーは健常に発達しましたが，レオニーには重度の身体障がいが残りました。レオニーは車椅子で移動しなければならず，限られた範囲でしか手足が使えませんでした。また，発音はやや不明瞭でしたが，家族にはなんとか理解できました。
　　両親の報告によると，レオニーがキャリーに対してひどい扱いをするため，キャリーの生活はだんだんと耐え難いものになっていっている，とのことでした。キャリーがあることに打ち込むと，かならずレオニーが何か持ってくるようにキャリーに要求する，といった様子が見られました。レオニーが命令口調で話すので，家族はそれにいらっとすることもありました。あるいは，憐れな調子で指示することもあったのですが，そのことで同じようにいらつかされることもある，と両親は言いづらそうに話しました。キャリーが遊ぶ時間は，いつもいらつきと中断がついてまわりました。両親は無力感でいっぱいでした。もっとも難しく思えたのは，レオニーがキャリーを扱うやり方に残酷なところがあったことでした。それはまるで，キャリーが心穏やかであったり，満足したりすることが一瞬でもあってほしくないという様子であり，自分の方がよっぽど恵まれていないのだということを，片時もキャリーが忘れないようにしてほしいという様子でした。こういった態度によって家族内に強い感情が引き起こされていて，もはやそ

の振るまいは，たんなる生活上の介助の要求以上のものとなっているように思われました。それはまた，レオニーが健常なキャリーに持つ気持ち，そして自分がキャリーとは対照的に障がいを持つことに関わる気持ちを家族に伝える強力なやり方でもありました。

　この例のような場合，きょうだい間の難しい感情に目を奪われます。一方でザックとルーカスの場合に目を移すと，きょうだいの関係にはあたたかさや愛情も含まれているのだということが見られます。

　　ルーカスは，自閉症スペクトラム障がいを持つ弟のザックを，いつも守っていました。ザックの方では，たいていルーカスのことを気にとめることはありませんでした。ザックが4歳のときに母親が報告してくれたことですが，そのころ二人が一緒に単純な遊びをしているのが見られるようになりました。それは，家中を笑いながらお互いに追っかけ合うという遊びでした。もう1年たつと，コンピュータ・ゲームを順番に交代しながらするようになりました。そして，ルーカスが泣くと，すぐにザックがルーカスを抱き，「ルーカス，泣かないで。お母さんが来てくれるから」と言ってルーカスを慰めました。特に目立ったのがコンピュータゲームの場面でしたが，二人の競争心は彼らの関係の特徴となっていきました。母親は，ザックは，ルーカスと競り合うことで，発達が促されていると思う，とコメントしました。兄弟の間の暖かい関係もまた，彼らの関係の強みであり続けました。

　ティムの両親にとっては，こういった発達が見えてくるには，長い間待つことが必要でしたが，それが見られたときには，深い喜びがあったのです。

第10章
「喜んでいる自分に驚く」

　この本は，特別なニーズを持つ子どもが，生まれてから数週間，数カ月，数年の生活の中で経験する重要な事柄のいくつかに焦点をあててきました。人生の発達段階すべてにわたり，そのときどきの課題が現れてきますが，多くの親にとって，この期間の課題が手ごわいものであることは疑いありません。子どもと親とが，人生を共に始めようとするときに普通にみられるプロセスが，障がいを持ったことによるショックと，障がいがもたらす重い課題によって脅かされます。幼い子どもに対して，さまざまな手を尽くして育てなければいけないと感じると，親は沈んだ気持ちになることでしょう。
　この状況に順応していく期間に，親が，自分自身のことや，自分たちの努力の価値を評価することは，しばしば難しいものです。まわりの人たちの方がかえって，親のしていることの性質について気がつきやすいものです。

　　ソーニャの母親は，慌ただしかった外国旅行についてユーモラスに語ってくれました。慌ただしかったのは，その旅行中ずっと，まわりの人にじっと見られて，品定めされているような気がしたからです。旅行も終わりにさしかかったころ，ビーチにいると，ひとりの女性が彼女に近づいて来て言いました。先週からずっとあなたとお子さん

ちを見ていました，それで言いたくなったのですけれど，なんて素敵な家族なんだろうと思ったんです，と。

ソーニャの母親はこの話を苦笑しながら話しました。その様子はまるで，私が，見知らぬ女性が言っていたように，彼女の家族のことを，「素敵な家族」と思っているのかどうか不確かだと思っている様子でした。彼女は，私にもそう思ってほしいと願っているようでしたが，私がそうは思っていないのではないかと感じて，少し不安にもなっていました。彼女の抱いている，自分自身と子どもたちに対する捉え方は，変わりつつあったのですが，この新しい捉え方に対する自信は，まだまだ揺らいでいたのでした。

ありがたいことに，多くの親は，時間と適切なサポートが得られれば，自分自身の強さと内的な力を再発見します。もちろん，はじめから，そういった強さや力を見出すことができている親もいます。親が自分の強さや力を発見したとき，C. S. ルイスの言葉を借りれば，「喜んでいる自分に驚く」(Lewis 1998) という経験をすることがあります。

親は自分たちの幸運について話すようになります。その幸運は，子どもに障がいがあったことではなく，おそらく，その子によいところがあったことなのです。たとえば，いつでもよく食べてくれたり，水泳が好きであったり，一度も風邪を引いたことがなかったり，といったことです。あるいは，新しい仕事や引っ越し，旅行といった，障がいとは全く関係のないことに幸運を感じます。そのときには，障がいが彼らの人生の本質ではなくなっています。多くの親が言います。特別なニーズのある子どもを持たなかったなら出会っていなかっただろう人びとに出会えましたし，人がどのような個人的資質を持っているかわかるようになりましたし，以前とは異なったやり方で人の苦境に共感できるようになりました，と。

同じくらい大事なことに，親が，特別なニーズを持つ幼い子どもによっ

て驚かされ，喜びを得る力が自分にあることを発見するということがあります。どんなに小さなステップであってもその子が発達しているということ，そしてその子らしさすべてに親は驚かされ，喜びを得るのです。このような新たな気づきの音が心の中に響き渡るにつれ，幸せの感覚がよりいっそう現れてきます。この幸せの感覚こそ，最も大切なものなのです。それがあるおかげで，親は，特別なニーズを持つ子どもとの日々の大変な生活をなんとかやっていくことができますし，将来に発達上の困難が待ち受けているとしても，それに現実的に向き合うことができるのです。

巻末補遺 「ようこそオランダへ」

エミリー・パール・キングズリー

　障がいを持つ子どもを育てている経験について書いてみませんか，とよく求められます。障がいを持つ子どもを理解するというユニークな経験を共有していない人の手助けとなるように，またそれがどのように感じられることなのか想像できるように，と。
　赤ちゃんが生まれる予定のとき，それは素晴らしい休暇旅行，たとえばイタリアへの休暇旅行の計画を立てているようなものです。ガイドブックをたくさん買い揃え，素晴らしい計画を立てます。コロッセウムに行こう。ミケランジェロのダビデ像を見よう。ヴェネツィアではゴンドラに乗ろう。ちょっとしたことはイタリア語で話せるようにしておこう。すべてにワクワクします。
　数カ月間，準備に夢中になり，とうとうその日がやって来ます。荷物を詰めて，さあ出発です。数時間後に飛行機は着陸します。そこにスチュワーデスが来てこう言います。「ようこそ，オランダへ」
　「オランダ!?　オランダってどういうこと??　イタリア行きに乗ったのに。私が向かうことになっているのはイタリアだったはず。ずっとイタリアに行くことを夢見ていたのに」。

Copyright ⓒ 1987 by Emily Perl Kingsley. All rights reserved. Reprinted by permission of the author.

しかし，フライトの予定は変更されていて，オランダに着陸することになり，そこに留まらなくてはならなくなったのです。

問題なのは，連れて来られたのが，疫病や飢餓，それに病気が蔓延した，おぞましく，気持ちの悪い薄汚い場所ではないということです。ただ，イタリアではないのです。

そこであなたは出掛けていき，新しいガイドブックを買わなければなりません。それに全く知らない言葉を覚えないといけません。これまで会ったこともないような種類の人たちと会うことになります。

単に「違う」所だというだけではないのです。イタリアよりもテンポが遅く，イタリアよりも華やかさがないのです。けれどもしばらくそこに留まって，息がつけるようになり，あたりを見回せるようになると……オランダには水車があることが見えてきます……それにチューリップもあります。そうそうレンブラントの絵もあります。

しかし，あなたの知人はみなイタリアに行き来することに忙しくしています。……それに彼らはみな，イタリアで過ごすことがいかにすばらしいものであるかを吹聴します。けれどもあなたは，残りの人生をこう言って過ごすのです。「そうなの。イタリアには行くことになっていたの。そうする予定だったのよ」。

その痛みは決して消え去ることはないのです。……なぜならその夢を失うことは，とてもとても深刻な喪失となるのだから。

けれども……イタリアに行けなかったという事実を悲しんで人生を送るのなら，オランダにあるとっても特別で，とっても素敵なことを自由に楽しめないことになるでしょう。

文　献

Acquarone, S. (ed.) (2007) *Signs of Autism in Infants: Recognition and Early Intervention.* London: Karnac.

Alvarez, A. and Reid, S. (1999) *Autism and Personality.* London: Routledge.（倉光修監訳：自閉症とパーソナリティ．創元社，2006.）

Bion, W.R. (1984) *Learning from Experience.* London: Karnac.（福本修訳：精神分析の方法Ⅰ．法政大学出版局，1999.）

Brunner, J.S. and Sherwood, V. (1975) "Peekaboo and the Learning of Rule Structures." In J.S. Brunner, A. Jolly and K. Sylva (eds) *Play: Its Role in Development and Evolution.* London: Penguin.

Gerhardt, S. (2004) *Why Love Matters: How Affection Shapes a Baby's Brain.* London: Routledge.

Kingsley, E.P. (1987) "Welcome to Holland."

Knoblauch, S.H. (2000) *The Musical Edge of Therapeutic Dialogue.* Hillsdale, NJ: Analytic Press.

Lewis, C.S. (1998) *Surprised by Joy.* London: Fontana.（早乙女忠，中村邦生訳：喜びのおとずれ．筑摩書房，2005.）

Macfarlane, A. (1977) *The Psychology of Child birth.* London: Fontana.

Sinason, V. (1993) *Understanding Your Handicapped Child.* London: Tavistock.

Stern, D. (1977) *The First Relationship: Infant and Mother.* London: Open Books.（岡村佳子訳：母子関係の出発――誕生からの180日．サイエンス社，1979.）

Stoller, R.J. (1985) *Observing the Erotic Imagination.* New Haven, CT: Yale University Press.

Trevarthen, C. (2002) "Origins of Musical Identity: Evidence from Infancy for Musical Social Awareness." In R.A.R. MacDonald, D.J. Hargreaves and D. Miell (eds) *Musical Identities.* Oxford: Oxford University Press.

Wahlberg, V., Alfonso, D. and Persson, B. (1992) "A Retrospective Comparative Study Using the Kangaroo Method as a Complement to Standard Incubator Care." *European Journal of Public Health* 2, 1, 34-7.

読書案内

Brafman, A. H. (2004) *Can You Help Me? A Guide for Parents.* London: Karnac.
Dale, N. (1996) *Working with Families of Children with Special Needs.* London: Routledge.
Dickinson, P. and Hannah, L. (1998) *It Can Get Better: Dealing with Common Behaviour Problems in Young Autistic Children.* London: National Autistic Society.
Frith, U. (1989) *Autism: Exploring the Enigma.* Oxford: Blackwell.（冨田真紀，清水康夫，鈴木玲子訳：新訂 自閉症の謎を解き明かす．東京書籍，2009.）
Hames, A. and McCaffrey, M. (eds) (2005) *Special Brothers and Sisters: Stories and Tips for Siblings of Children with Special Needs, Disability or Serious Illness.* London: Jessica Kingsley Publishers.
Holt, G., Gratsa, A., Bouras, N., Joyce, T., Spiller, M.J. and Hardy, S. (eds) (2004) *Guide to Mental Health for Families and Carers of People with Intellectual Disabilities.* London: Jessica Kingsley Publishers.
Middleton, L. (1992) *Children First: Working with Children and Disability.* Birmingham: Venture.
Moore, C. (2004) *George and Sam.* London: Viking.
Trevarthen, C, Robarts, J., Papoudi, D. and Aitken, K. (1998) *Children with Autism: Diagnosis and Intervention to Meet their Needs,* 2nd edn. London: Jessica Kingsley Publishers.（中野茂，伊藤良子，近藤清美監訳：自閉症の子どもたち――間主観性の発達心理学からのアプローチ．ミネルヴァ書房，2005.）

監訳者あとがき

　本書は，乳幼児精神保健の領域で世界的によく知られた，英国のタビストック・クリニックが刊行してきた「タビストック　子どもの心と発達」シリーズの特別篇とも言える『特別なニーズを持つ子どもを理解する』の全訳です。
　「特別なニーズ」という言葉は，わが国では耳慣れない言葉ですが，現在英国では，「障がい」とほぼ同じ意味で使われています。本書は，自閉症，脳性麻痺，身体的障がい，知的障がい，重複障がいなどさまざまな障がいを持つ子どもを育てていく中で親御さんが遭遇する情緒的な問題を，事例を用いながら生き生きと描き出しつつ，こうした子どもの心を理解していく手がかりを示唆していきます。それは問題解決のための処方箋を与えてくれるというよりも，わが子に障がいがあるという現実に衝撃を受け，さらにそれに伴う多くの苦難にうちひしがれ，親としての自信を失っている親御さんたちが，自分たちこそが子どもにとってかけがえのない理解者であり「専門家」であるという，「普通の親」としての自信と喜びを回復していく手助けとなることを目指しています。つまり，本書の最後の心動かされる章で書かれているように，期せずして「イタリア（健常な子）」ではなく「オランダ（障がいを持つ子）」に来たことで「喜んでいる自分に驚く」という経験が起こりうるように援助していると言えるでしょう。
　こうしたお子さんを抱えておられる親御さんの中には，本書を読まれ，そこに書かれている英国の親御さんや子どもたちの苦境や悩みが自分たち

のそれと見事に重なり，共感を持つとともに，こうした悩みが「自分だけのものでない」だけでなく，国境や文化を超えた普遍的なものであることに幾ばくかの安堵の気持ちが起こる方もいるかもしれません。それらは，「障がい」を告知された時のショックとトラウマ，罪悪感や恥の感覚の問題，「障がい児」ではなく一人の人間である子どものことを知っていき関係をはぐくんでいくこと，子どものできることとできないことを区別して躾や限界設定を適切に行うこと，夫婦関係やきょうだいの問題などかもしれません。障がいを持つ子どもを抱える親御さんが，公園に行って他の親子に会ったり，人に会ったりすることを避けるようになりがちだという記述を読むと，わが国で同じような境遇の親御さんの多くは強い共感の気持ちを抱かれるだろうと想像します。

　とはいえ，英国と日本では社会福祉制度や社会的資源，そして文化の違いというものもあります。特に際立っているのは就寝の仕方の違いです。英国の一般的な白人家庭では，乳児期から両親の寝室とは別の子ども部屋で寝るのが普通です。これに対して，日本の場合，障がいがなくてもかなり年長になっても母親と一緒に寝ているのがむしろ多いくらいでしょう。またベビーシッターの問題などが書かれていますが，まだまだベビーシッターを雇う家庭はわが国では一般的でないと言えるでしょう。全般的に英国の方が早くから子どもを自立させようとする傾向が強いように思われますし，また夫婦や大人中心の家族という傾向が強いと言えるかもしれません。これに対して，わが国のほうが，子ども中心で，母子密着型であるとともに，母親の子育ての負担が大変大きい傾向があると思われます。

　このようにみていくと，障がいを持つ子どもを育てる負担は，わが国の場合その大半を母親が担いすぎてしまっているかもしれないという現状が浮かび上がってきます。本書で示唆されているように，それは母親に対して過重な心理的負荷をかけ，子育てへのマイナスの影響を与えうる状況になり，それがひいては子どもの二次的障がいをはじめとする問題につなが

っていく可能性もあるでしょう．こうした点を考えていくと，このような子どもを持つ親御さんの心理的ケアはきわめて重要であることがわかります．父親やそのほかの家族や友人のサポートはとても重要になるでしょう．しかし，えてしてこうした子どもを抱える親御さんは孤立しがちで，そして孤立は悪循環を起こしてしまう可能性があります．英国以上に，わが国では孤立の問題が深刻な印象が私にはあります．また，英国に比べて，子どもが障がいを持っている場合に，親御さんへの心理的なサポートをする社会的資源がまだまだ少ないように思われます．

　わが国でも，同じ障がいを持つ子どもを抱える親の会が，いくつかの障がいに関しては作られており，そうした会で悩みや問題を分かち合うということも大切かもしれません．そしてやはり何よりも，診断や治療を行う医療従事者，保健師，保育士，教師など，こうした子どもと親御さんと関わる専門家の間で，本書で描かれているような情緒的な問題への理解を深めていき，必要なサポートを行っていけることが一番大切なように思います．また，場合によっては時間を十分とって継続的に子育て相談を提供したほうがよい親御さんたちもいますが，わが国では，こうした親御さんたちに十分なサポートがまだまだできていないのが現状のように思われます．今後こうした社会的資源がもっと増えていくことが望まれます．そうした意味でも，本書を多くの専門家が手にすることを願っています．

　本書はまず障がいを持つ子どもを抱えておられる親御さんのために書かれていますが，何か明快な「答え」や「アドバイス」は提供されていません．しかし，本書を読んでいく中で，少しずつ悩まれていることの解決のヒントや手がかりを得ることができるかもしれませんし，あるいは解決は難しいかもしれないですが子どもや家族に起こっていることを以前より理解できるようになるかもしれません．そして何よりも，こうした子どもを育てていくことに以前よりも希望に満ちた気持ちになっているかもしれません．それが本書の著者のもっとも願っていることでしょう．

本シリーズは，NPO法人子どもの心理療法支援会（http://sacp.jp/）の専門会員の中の有志のメンバーが翻訳作業を行ないました。NPO法人子どもの心理療法支援会は，本書を刊行しているタビストック・クリニックの実践にならい，発達障がいを持つお子さんと親御さんへの心理的ケアの普及を目指しています。本書は，武藤誠が，「はじめに」，第1章，第2章，第8章，第9章，第10章を訳し，竹林奈奈が，第3章，第4章，第5章，第6章，第7章を訳しました。出来上がった訳稿をまず武藤誠が推敲し，さらにそれを平井正三が目を通して適宜修正を加えました。

　岩崎学術出版社の長谷川純氏は，本書の翻訳出版作業全般にわたりサポートしていただきました。ここに感謝の意を表します。

　2013年1月

監訳者を代表して　平井 正三

索 引

あ行

愛　17, 32, 34, 40, 50, 65, 66, 69, 79, 93, 94, 96, 98, 101
アイデンティティ　51
遊び　29, 68, 75〜78, 80, 101
同調（アチューンメント）　30, 31, 78
いじめ　47
依存　24, 55, 56
NICU（新生児集中治療室）　23, 24
思いやり　69, 93, 94
親業　14
親子の分離　40, 44
音楽療法　81

か行

ガーハート, スー　34, 35
学習困難　15
学習障がい　53, 98
過剰な埋め合わせ　96, 97
家族　7, 8, 12, 14, 16, 21, 26, 36, 39, 42, 44, 45, 48, 53, 62, 63, 69, 70, 83〜85, 87〜93, 97, 98, 100, 101, 104
家族旅行　63
片親家族　88
学校　47, 48, 56

カナー　66
感覚統合　25
カンガルーケア　24
教育心理学的査定　48
共感　8, 31, 86, 93, 104
きょうだい　8, 37, 42, 45, 91〜95, 97, 98, 100, 101
恐怖　22, 23, 87
キングズリー, エミリー・パール　19
筋収縮や筋緊張亢進のある子ども　39
クレスパン, グラシエラ　73
原会話　80
言語　49, 78〜82
健康な攻撃性　51, 69
言語療法士　81
検査　57, 61, 62, 75, 92
幸運　57, 104
好奇心　43, 54, 55
攻撃性　51, 53
　健康な──→健康な攻撃性
行動修正プログラム　42
快い性的感覚　54
言葉の発達遅滞　79
子どもの特性　47
コミュニケーション　29, 30, 56, 59, 67, 68, 73, 78〜82

コミュニケーション障がい　72
孤立　44, 46, 47, 89
コルチゾール　34, 35

さ行

罪悪感　21, 26, 62, 76, 87, 92, 96, 98
作業療法士　25, 40
三者関係　43
自己主張　51
自尊心　51
児童心理療法士　15
シナソン，ヴァレリー　15
自閉症　36, 41, 42, 47, 65〜73, 81, 98
自閉症スペクトラム障がい　58, 65, 66, 68, 70, 77, 78, 82, 101
出生時のショックとトラウマ　20
障がい　11〜15, 18, 21, 30, 32〜34, 39, 44〜46, 52, 54, 57, 59〜61, 65, 67, 68, 70, 75, 76, 78, 84, 85, 88, 89, 91, 92, 94, 95, 101, 103, 104, 107
障がいの三つ組　68
情緒的スペース　24
自立　44, 91
身体障がい　76, 100
診断　8, 14, 18, 32, 36, 41, 42, 57〜61, 68〜70, 78, 82, 83, 92
診断面接　58, 59
心理的な抱っこ　24
睡眠に関する問題　39
スターン，ダニエル　29
性　54
性愛　54
制限を設けること　70
生後1年における自閉症の兆候　36
生殖のプロセス　54

精神分析家　15, 24, 29, 73, 81, 82
精神分析理論　13
性的関心　54
性的器官　54
性的興奮　55
性的な虐待　56
性的な行動　54
セラピー　57, 61, 62, 69, 85
早期にみられる自閉症の兆候　36
早期の親へのサポート　37
早産　22, 100
喪失　19, 20, 108

た行

ダウン症候群　44, 58
知的ハンディキャップ　15
挑戦的行動　53
治療　7, 34, 53, 57, 58, 60〜62, 75, 86
定型発達　31, 37, 41, 43, 49, 51, 54, 80
トイレット・トレーニング　8, 49, 53
特別支援学校　47
特別なニーズを持つ赤ちゃん　11, 26
特別なニーズを持つ家族　88, 90
特別なニーズを持つ子ども　8, 11, 12, 14, 15, 19, 43〜48, 51, 56, 61, 75, 76, 80, 81, 83〜85, 87〜91, 93, 95〜98, 100, 103, 105
トラウマ　7, 20, 21, 25, 26, 35, 66

な行

内省　13
内的な安全感　26
難産　31
憎しみ　94〜97
乳幼児突然死　41

妊娠　　17, 18, 61
脳神経科学研究　　34
脳性麻痺　　15, 35, 36, 40, 52
脳の損傷　　22, 79
ノブラウチ，スティーブン　　81

は行

発話　　78, 79
母親的なもの思い　　24
母親と乳児のダンス　　29
ハンディキャップを持つ子ども　　15
PECS　　80
ビオン，ウィルフレッド　　24
非言語的コミュニケーション　　79, 80
不安　　35, 39, 43, 47, 53, 55, 56, 61, 87, 88, 91, 96, 97, 104
夫婦関係　　26, 83, 85, 88
双子　　36, 78, 100
普通学校　　47, 48
ブルーナー，ジェローム　　80
フロイト，ジークムント　　25
分離体験　　47

ペニス　　55
ベビーシッター　　44, 45
保育所　　47, 48
補助的コミュニケーション　　81

ま行

マカトン法　　80
魔の2歳児（第一反抗期）　　51
無力感　　20, 21, 26, 61, 62, 100
模倣　　96
問題行動　　49

や・ら行

「ようこそオランダへ」　　19, 20, 107
予後　　57
ライバル心　　94, 99
ラファエル・レフ，ジョーン　　82
理学療法士　　59, 60
離婚　　39
両親の関係　　43
ルイス，C.S.　　104

原著者紹介
パメラ・バートラム（Pamela Bartram, MA, MLitt, DipMusTher, MACP）
音楽療法士としての活動の後，タビストック・クリニックで児童心理療法士としての訓練を受ける。現在，障がい児の心理療法を専門とするコンサルタント心理療法士である。

監訳者略歴
平井正三（ひらい　しょうぞう）
1994年　京都大学教育学部博士課程 研究指導認定退学
1997年　英国タビストック・クリニック児童・青年心理療法コース修了
　　　　帰国後，佛教大学臨床心理学研究センター嘱託臨床心理士，京都光華女子大学助教授などを経て，現在，御池心理療法センター（http://www.oike-center.jp/）にて開業の傍ら，NPO法人子どもの心理療法支援会（http://sacp.jp/）の代表を務める。2011年より大阪経済大学大学院人間科学研究科客員教授に就任。
著　書　『子どもの精神分析的心理療法の経験』（金剛出版）
　　　　『精神分析的心理療法と象徴化』（岩崎学術出版社）
訳　書　〔共訳〕
　　　　アンダーソン編『クラインとビオンの臨床講義』（岩崎学術出版社）
　　　　ヒンシェルウッド著『クリニカル・クライン』（誠信書房）
　　　　ビオン著『精神分析の方法Ⅱ』（法政大学出版局）
　　　　アルヴァレズ著『こころの再生を求めて』（岩崎学術出版社）
　　　　メルツァー著『夢生活』（金剛出版）
　　　　〔監訳〕
　　　　ブロンスタイン編『現代クライン派入門』（岩崎学術出版社）
　　　　タスティン著『自閉症と小児精神病』（創元社）
　　　　ボストンとスザー編『被虐待児の精神分析的心理療法』（金剛出版）
　　　　ウィッテンバーグ著『臨床現場に生かすクライン派精神分析』（岩崎学術出版社）
　　　　ウィッテンバーグ他著『学校現場に生かす精神分析』（岩崎学術出版社）
　　　　ヨーエル著『学校現場に生かす精神分析〈実践編〉』（岩崎学術出版社）

武藤　誠（むとう　まこと）
2003年　京都大学大学院教育学研究科博士課程単位取得退学
専　攻　臨床心理学
現　職　淀川キリスト教病院 精神神経科 心理療法室
訳　書　ウィッテンバーグ著『臨床現場に生かすクライン派精神分析』（岩崎学術出版社）

タビストック 子どもの心と発達シリーズ
特別なニーズを持つ子どもを理解する
ISBN978-4-7533-1055-5

監訳者
平井正三
武藤　誠

2013年2月20日　第1刷発行
2016年3月24日　第2刷発行

印刷　広研印刷(株)　／　製本　(株)若林製本工場

発行所　(株)岩崎学術出版社　〒112-0005　東京都文京区水道1-9-2
発行者　村上　学
電話　03(5805)6623　FAX　03(3816)5123
©2013　岩崎学術出版社
乱丁・落丁本はおとりかえいたします　検印省略

母子臨床の精神力動——精神分析・発達心理学から子育て支援へ
ラファエル-レフ編　木部則雄監訳
母子関係を理解し支援につなげるための珠玉の論文集　　本体6600円

学校現場に生かす精神分析【実践編】——学ぶことの関係性
ヨーエル著　平井正三監訳
精神分析的思考を生かすための具体的な手がかりを示す　　本体2500円

学校現場に生かす精神分析——学ぶことと教えることの情緒的体験
ウィッテンバーグ他著　平井正三・鈴木誠・鵜飼奈津子監訳
「理解できない」子どもの問題の理解を試みる　　本体2800円

臨床現場に生かすクライン派精神分析——精神分析における洞察と関係性
ウィッテンバーグ著　平井正三監訳
臨床現場に生きる実践家のために　　本体2800円

こどものこころのアセスメント——乳幼児から思春期の精神分析アプローチ
ラスティン／カグリアータ著　木部則雄監訳
こどもの心的世界や家族関係を力動的視点から理解する　　本体3700円

乳児の対人世界——理論編／臨床編
スターン著　小此木啓吾・丸田俊彦監訳
臨床と観察を有機的に結びつけて新しい提起　　本体4500円／3500円

精神分析的心理療法と象徴化——コンテインメントをめぐる臨床思考
平井正三著
治療空間が成長と変化を促す器であるために　　本体3800円

こどもの精神分析——クライン派・対象関係論からのアプローチ
木部則雄著
こどもの空想，攻撃性や悩みに真摯に向き合うセラピストのために　　本体4000円

こどもの精神分析II——クライン派による現代のこどもへのアプローチ
木部則雄著
前作から6年，こどもの心的世界の探索の深まり　　本体3800円